ぶらりあるき
チェンマイ・アユタヤの博物館

Chiang Mai
Ayutthaya

Museum

中村　浩
Hiroshi Nakamura

芙蓉書房出版

チェンマイ国立博物館

スワンカローク国立博物館
(スコタイ)

切手（郵便）博物館（チェンマイ）

プリディ・パノムヨン記念館
（アユタヤ）

プラ・シー・ラタナー・マハタート寺院
（ピッサヌローク）

プラケオ寺院博物館
（チェンライ）

チェンマイ市芸術文化センターと３人の王の像

ハリプンチャイ国立博物館　仏頭
（ラムプーン）

バーン・チャン国立博物館
埋葬のジオラマ（ウドン・タニー）

スリヨータイ王妃の記念像
（アユタヤ）

チャオ・サーム・プラヤー国立博物館
（アユタヤ）

カムペーン・ペッ国立博物館

スアン・ドーク寺院
白い仏塔群
（チェンマイ）

タイ・中国文化センター
（ウドン・タニー）

チェンマイ市芸術文化センター
煙草屋のジオラマ

ラームカムヘーン国立博物館（スコタイ）

恐竜博物館（コーンケン）

ミリオン玩具博物館（アユタヤ）

ロカヤスタ寺院　寝仏（アユタヤ）

まえがき

本シリーズの東南アジア編の刊行が始まった最初の年に「ぶらりあるきバンコクの博物館」を出版しました。バンコクを中心にタイ南部と中部の一部地域の博物館や遺跡を紹介したものですが、タイにはそのほかにもたくさんの博物館があり、それらを紹介できなかったことが心残りでした。

今回、東南アジア編の最後の巻として、チェンマイ、スコタイなどタイ北部、東北部とアユタヤを中心とする中部の博物館を取り上げることにしました。

タイはモン族によって北部から建国されたことにはじまります。このタイの歴史を見ても、タイ北部は非常に重要な地域です。幸いこの地域には遺跡や博物館も多く、ユネスコの世界遺産にも登録されていることから、充実した体験、見学ができたと思います。

アユタヤは前著でも取り上げましたが、今回は十分な時間をかけて回りましたので、前回見逃した多くの遺跡、寺院を紹介することができました。

最後に、タイの寺院は「ワット……」という名前でよく知られていますが、本書では「……寺院」という表記に統一しました。

二〇一六年秋に

中村　浩

ぶらりあるき　チェンマイ・アユタヤの博物館●目次

チェンマイの寺院　59

ラムプーン　67

■タイ東北部の博物館

■タイ中部の博物館

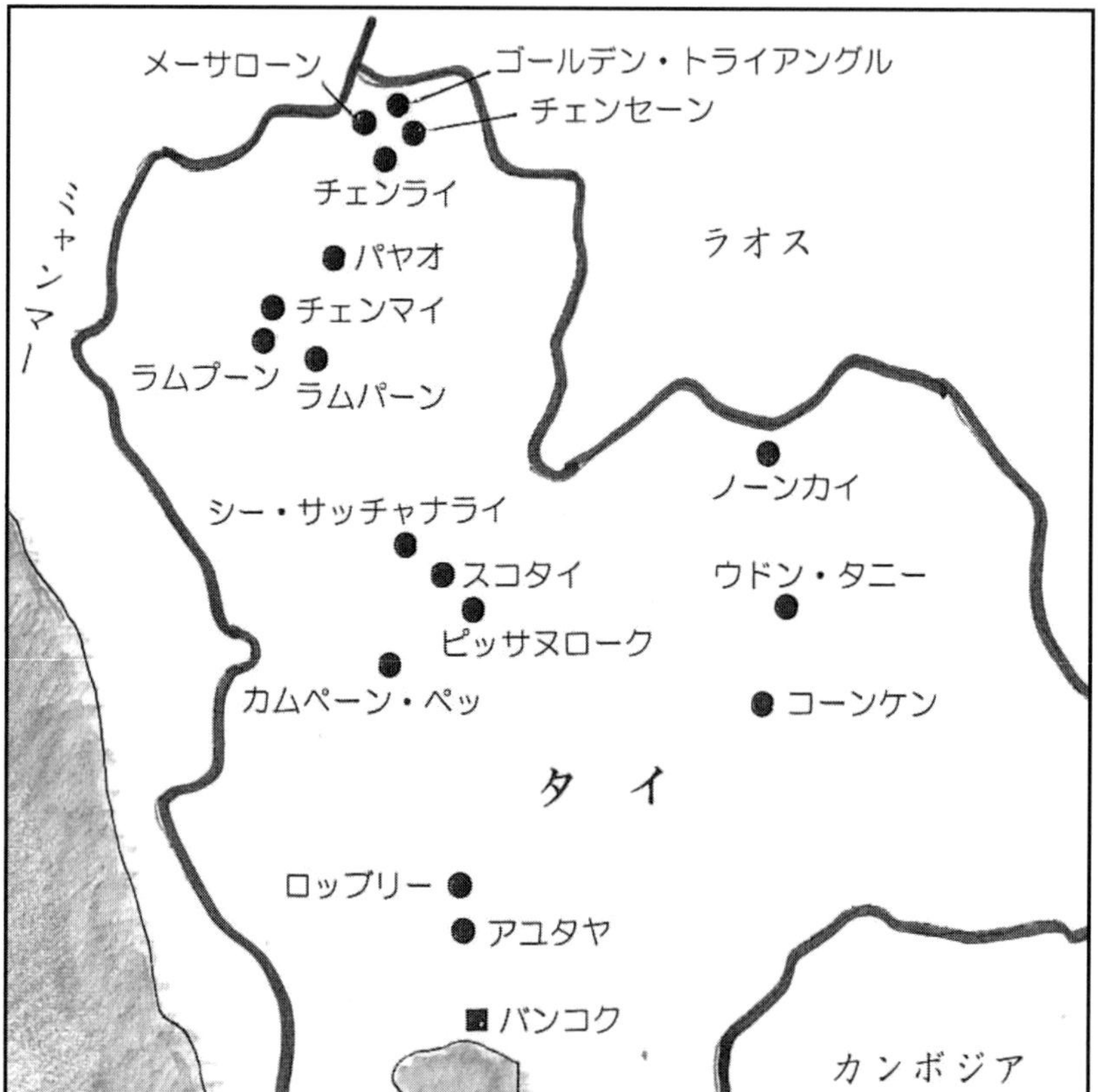
メーサローン
ゴールデン・トライアングル
チェンセーン
チェンライ
ミャンマー
ラオス
パヤオ
チェンマイ
ラムプーン
ラムパーン
ノーンカイ
シー・サッチャナライ
スコタイ
ウドン・タニー
ピッサヌローク
カムペーン・ペッ
コーンケン
タ イ
ロッブリー
アユタヤ
バンコク
カンボジア

タイ北部の博物館

メーサローン　Mae Salong

中国大陸では第二次大戦の終了後、毛沢東を中心とする共産党軍と蒋介石率いる国民党軍の熾烈な武力闘争の末、共産党軍が勝利し、一九四九年に中華人民共和国が成立しました。一方、国民党軍の大半は蒋介石とともに台湾に逃れ、そこで中華民国を樹立します。しかし大陸奥部の雲南、四川地域で展開していた部隊とその家族たちはやむなく南下し、ビルマの山岳地帯シャン高原に逃れました。

一九六〇年代、ビルマ軍がこの地域の中国軍の掃討作戦を実施したため、さらにタイ北部へと移っていきます。この地域は「ゴールデン・トライアングル」とも呼ばれ、ラオス、タイ、ビルマ（ミャンマー）の三国が国境を接する部分です。やがてこの地に定住し、麻薬生産とその取引で資金を得て、組織の維持をはかります。

タイ政府は麻薬撲滅の掃討作戦を展開し、一九八七年にタイ政府と彼らとの和解が成立し、武装解除と引き換えに彼らのタイ国籍が認められました。これによってようやくこの地域の安定が図られることになりました。

現在、この山岳地域は、かつての麻薬生産地域という暗黒の歴史を捨て去り、平和でのどかな山岳地帯へと変貌しています。丘陵部を一望できる展望台からは一面茶畑の壮観な風景を見ることができます。今では良質のコーヒーや茶葉生産地、最も中国文化を色濃く感じさせる地として多くの観光客が訪れています。

メーサローンの風景

❖ 泰北義民文史館　Ghinese Military Memorial

メーサローンの一角に、霊廟あるいは位牌を祀るための建物があります。中央の大規模な建物「愛心陳列館」とその左右に切妻式の屋根の平屋建ての建物があります。左手が「戦史陳列館」、右手が「中華文物館」です。

愛心陳列館の壁面には「報国忠精」と大きく朱字で書かれています。また奥の壁の棚にはたくさんの位牌が並べられています。中央の位牌には「爲国戦亡将士英……」とあり、その左右にはこれらの隊を率いていた将軍の名前が刻まれています。小型の位牌には兵士の名前が刻まれています。入口のガラスケースには兵士が携帯した銃や刀、水筒などが展示されています。またこの地域を中心にラオス、タイ、ミャンマーの大きめの地図が掲げられています。中国から移ってきた国民党軍人がたどってきた経路を知ることができます。

戦史陳列館には、彼らがこの地で安定する生活を築くまでの苦難の歴史が写真パネルで紹介されています。

たくさんの位牌が並べられている

泰北義民文史館

チェンセーン　Chiang Saen

メコン川に面した、ラオスと国境を接する小さな町です。ゴールデン・トライアングル（黄金の三角地帯）の入口になります。一一世紀にはチェンセーン王国の都として栄えましたが、現在ではその面影は、わずかに町に残された城壁の痕跡や仏塔からしのぶことができます。

❖チェンセーン国立博物館　Chiang Saen Museum

市街地にある博物館ですが、規模は大きくはありません。博物館の壁面は黄色に塗られ、屋根瓦は濃い茶色に統一されています。この博物館の前に大きな仏頭が上を向いた状態で置かれています。涅槃仏の頭部破片で、螺髪も大半が欠損状態で顔面にも多くの亀裂があり、痛々しい限りです。

入口を入ると北部タイのランナ様式のブロンズ仏や蓮の花の像が並べられています。その右手には石仏像や屋根や破風を飾るリンテルや石造彫刻が置かれています。青銅製の銅鼓や大きめの銅製鉢などがあります。

メコン川に面した市街地の地形ジオラマでは遺跡などの位置を確認することができます。ただ、解説板もないので地元の地理に精通していないと理解できないようです。次に小型の仏像や仏具のコーナーがあります。金

チェンセーン国立博物館

小型の仏像

博物館の前にある仏頭破片

銅製の鎮壇具のようなものがありましたが、展示物は多くありません。

次に文字を刻んだ石碑が展示されています。タイ文字の知識がないのでよくわかりませんが、石碑の形がいろいろあることがわかります。表面には文字が刻まれているようなのですが、文様としか見えませんでした。

キセルと焼き物のコーナーがあります。煙草を吸う道具の先端部の金具である雁首が集められているのですが、尋常ではない大きさのものがあったので驚きました。焼き物は土器、陶器製の壺、鉢などが置かれています。注口をつけた壺は液体をこぼさずに注ぐために付けられたようです。扁平な壺の両肩に取っ手を付けたものは日本の古墳時代の堤瓶のようです。土器から陶器さらに磁器へと変遷していった様子が展示品からわかります。壺の形態はクメール様式のものも見られるようです。この地域では動物や人形の形のフィギュアも作られていたようで、制作工房と窯の様子をジオラマで再現しています。

メコン川の淡水魚の捕獲に使われた様々なワナや漁具も展示されています。淡水イルカの実物大模型が置かれており、意外と大きいことを実感しました。

次に仏教信仰に関する民俗資料が置かれています。寺院などに安置される仏像と異なり、多くの個人が信仰している念持仏のようなものや祭礼に用いられた守り札や灯篭飾りを見ることができます。日常道具では漆器があり、そのいくつかの種類が並べられています。ランナ様式の建築物の模型や仏塔の模型などもあります。織物では布の生地から着衣に縫製したものまで様々な製品が集められています、武器や武具では少数民族のものと思われるものも見ることができました。

小さな博物館ですが、コレクションが多岐にわたっており、地域の文化をカタログで瞥見するという雰囲気で見ていくと、結構楽しめる内容になっています。

ゴールデン・トライアングル　Golden Triangle

タイ、ラオス、ミャンマーの三国がメコン川で国境を接する地域です。かつては世界最大の麻薬・覚醒剤密造地帯でしたが、経済成長や取締り強化によってタイ、ラオスでの生産は減少傾向にあるとされています。ちなみにこの地域での麻薬生産は一九世紀にはじまったとされ、第二次大戦後は中国大陸の国民党軍残党組織によって資金源として利用されました。やがてタイ政府や国連機関によってケシ栽培に代わる換金作物として茶、コーヒーの栽培が奨励され、成功を収めている地域もあります。近年ではタイ北部の観光地として多くの人々が訪れています。

ゴールデン・トライアングル

❖ オピウム博物館　Opium Museum

ゴールデン・トライアングルの賑やかな街並みの一画に二〇〇一年に設立された博物館です。

アヘンの栽培過程に関するパネル、ジオラマ展示やケシの花の植木鉢などが狭い館内の片隅にまとめられています。アヘンの原料となるケシの葉は大きな長楕円形で、縁はギザギザになっていて、葉の付け根は茎を抱いています。未熟の果実の乳液からアヘン・モルヒネが精製されます。日本では法律によって一般の栽培は禁止されています。ただ、ケシの中には食用や薬用になる品種もあり、一概にケシ＝麻薬とはならないようです。次に、アヘン取引に使用したチーク材の秤や錘《おもり》が展示されています。錘は人や動物の形をしたものなど多種多様で、大きさも様々です。このほか、チーク材の表面に芸術的な彫刻を施した吸引道具などもあります。悲惨な健康被害をもたらすものとは思えないほど見事な製品が多いのは驚きでした。

可愛らしい少数民族のパネルも多く展示されています。

オピウム博物館

アヘンの吸引具の展示

タイの北部地方には二一部族約五〇万人の山岳民族が住んでいるといわれ、それぞれが独自の文化や言語、宗教、民族衣装を持っています。彼らは身を隠すように深山の谷間や山頂周辺に集落を築き、豚や鶏や水牛を飼い、斜面を耕作して焼畑農業を主に行っていましたが、世界のアヘン需要の急増とともに、いつのまにかケシの栽培に手を染めていきました。このブームの火付け役は英国で、二〇世紀初頭には中国で大規模なアヘン禍が広まっていました。四川省・雲南省でアヘンは生産されていたのですが、需要の高まりを受けて生産地は次第に南方に拡がっていったのです。

❖オピウム・ホール　Hall of Opium

周囲を深い森林に囲まれた公園内部に建設されたコンクリート造りの近代的な建物です。入館料を支払って館内に入ると、間もなく暗いトンネル通路（全長一三七ｍ）が現れます。このトンネルは崖面をくりぬいて造られたもので、天井を除く壁面のほぼ全面にアヘン地獄の苦しみから逃れようともがき苦しむ中毒者の表情を表現したモニュメントが彫り込まれており、圧倒されます。

この長いトンネルを抜けると、明るい花が咲き誇っているケシ畑のジオラマが広がっています。とても美しい魅力的な花なのですが、この花の実からアヘンが作られるのですから、「美しいものにはとげがある」ということなのでしょうか。

オピウム・ホール

ビデオ上映によるこの博物館のガイダンスがあります。三階の「最初の五〇〇〇年」というコーナーでは古代エジプトから中世のヨーロッパまでのアヘンと社会の歴史がパネルを中心に解説されています。最古のアヘンが見つかったのはスイスであり、シュメールの医学書にはアヘンに関する最古の文書が残されていることがわかります。また古代エジプト、ギリシャ、ローマ時代にはアヘンは医療、宗教用として副作用の少ない薬として使用され、一一世紀ころにはペルシャ商人が東アジアや南アジアに貿易品の一つとしてアヘンをもたらしました。ヨーロッパとアジアの貿易の中でアヘンが重要な品目となり、かつ麻薬として広く普及していった経緯を知ることができます。

「西洋から東洋への旅路」のコーナーでは、イギリスの貿易港の状況から始まって、東洋からもたらされた綿織物や陶磁器、香辛料、中国から輸入された茶を飲む人物、インドの麻薬精製工場を見て中国広州の港に至るまでがジオラマで展示されています。「アヘンをめぐる戦争」のコーナーは、イギリスと中国の間で勃発したアヘン戦争の歴史の展示です。一九〇〇年までに一三〇〇万人以上の中国人がアヘン中毒となり、アヘンの輸入に莫大な財をつぎ込んだため経済が破綻してしまったことは歴史で学んだ通りです。「シャム王国とアヘン」のコーナーはタイとの関わりについての展示です。タイも西欧の圧力から開国、自由貿易を受け入れ、アヘンの輸入制限もできなかったため、一九世紀半ばから一九五八年までの長きにわたってゴールデントライアングルはアヘン吸引が認められていた地域でした。

「一九世紀の研究室」のコーナーでは、ヨーロッパでの科学の発展により、アヘンからモルヒネが精製され鎮静剤としての利用が広がっていったことや、ヘロインの開発と皮下注射についての展示を見ることができます。またアヘン以外の麻薬についての紹介もあります。「アヘン・アヘン剤の影響」のコーナーでは、二〇世紀に世界中でアヘンやそのほかの麻薬が禁止されたことを解説しています。麻薬の売買、不正利用との戦いへの協力、アヘン栽培や麻薬取引の撲滅を呼びかけています。

最後の「犠牲者のギャラリー」「死と再生のギャラリー」のコーナーでは、アヘンや麻薬のもたらす影響について展示されています。麻薬中毒の家族を例にして被害についての展示が行われています。展示スペースの床下に設置された収容施設のジオラマからは麻薬中毒患者の苦痛の叫びが聞こえてきます。想像を絶する展示内容ですが、じっくりと見学すると二時間程度は必要のようです。

チェンライ　Chiang Rai

バンコクからバンコク・エアウェイズのプロペラ機に揺られて約一時間余りでチェンライ国際空港に到着します。この日は国際線からの乗り継ぎ客は少ないようで十人ぐらいでした。

チェンライは、ミャンマー、ラオスと国境を接する北部タイの中核都市の一つで、チェンマイに次ぐ都市です。一三世紀に北部タイを支配したランナー・タイ王国の首都として栄えました。

現在も市内各所の仏教寺院や庭園に独特のランナー文化の伝統が色濃く残っています。一五世紀に建立されたプラケオ寺院（ワット・プラケオ）はバンコクにある同名の寺院の本尊エメラルド仏が、かつて安置されていたという由緒のある寺院です。

この他、山岳地域に居住する少数山岳民族の文化を紹介する山岳民族博物館などの施設もあります。

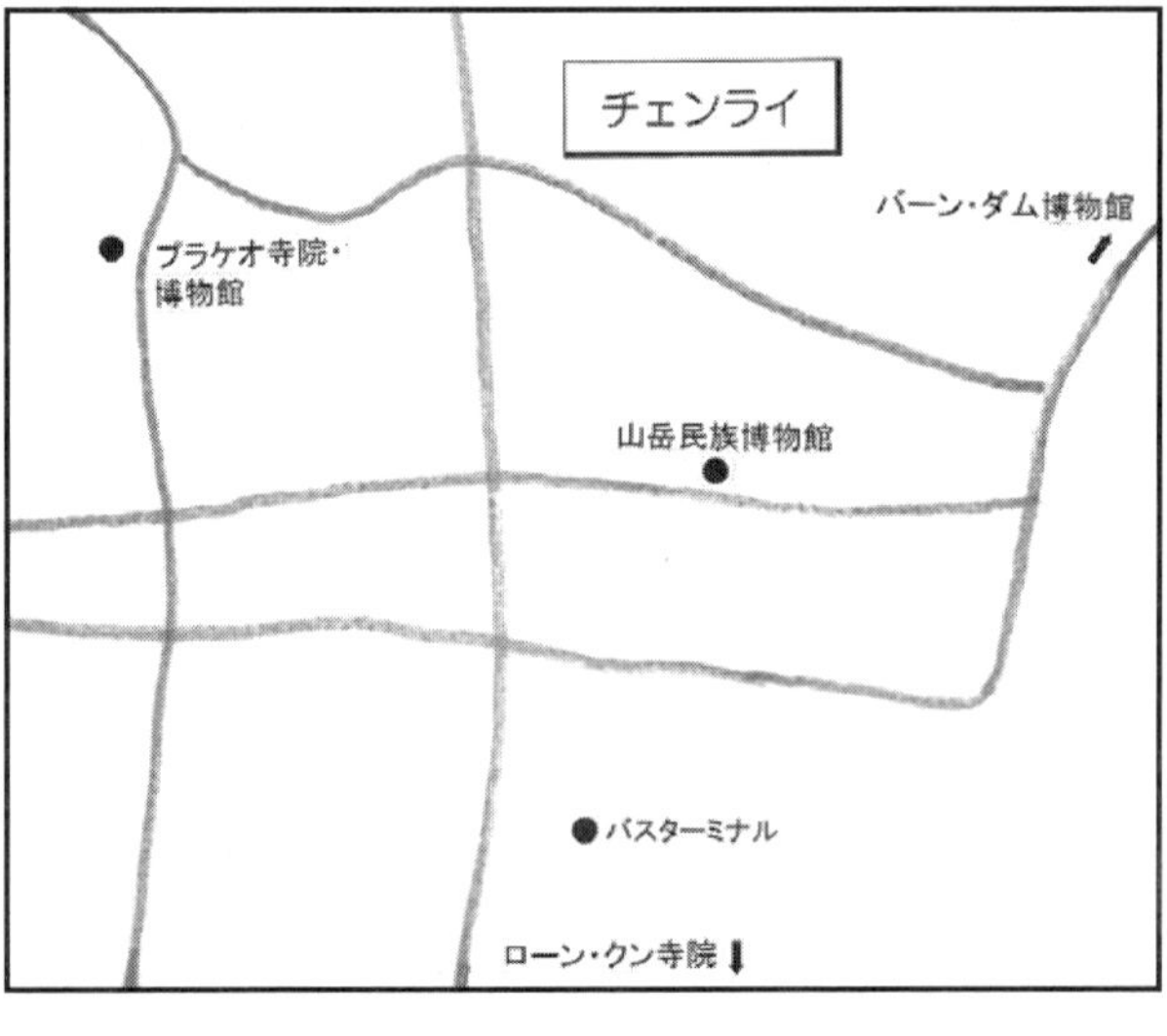

❖山岳民族博物館　Hilltribe Museum & Education Center

チェンライ市内に、タイ北部の少数民族の生活文化や風習などを紹介する博物館があります。少数民族への支援を行っているNPO団体が設立した施設です。多くのガイドブックに紹介されているので、目立つ施設をイメージしていましたが、意外と地味な建物でした。ビルの三階フロアが博物館となっています。受付を済ませると、タイに居住する九つの山岳民族すべての文化、習慣、生活などを紹介するビデオが流されます。日本語の解説もある約二五分のビデオはとてもわかりやすいものでした。英語、フランス語などの解説も用意されているとのことでした。

山岳民族博物館があるビル

展示品は床に直接置かれており、展示台やガラスケース等はみられませんでした。土地を耕すためのクワや犂《すき》など日本でもよく見かけた農耕用具が並んでいます。漁撈用具は川や池で魚を捕るためのワナや網などで、大規模なものはありません。糸車や織機、染色などの織物生産の道具も集められていましたが、説明用のパネルなどはあまり見かけませんでした。

さまざまな道具の展示

織物は山岳民族の数少ない販売品で重要な商品です。市街地の土産物店などで彼らが作った布製品が販売されているそうですが、本当に彼らが作ったものかどうかはわからないそうです。

❖バーン・ダム博物館　Baandam Museum

市街地からさほど離れていないところに、黒を基調とする建物群から構成される博物館があります。地元チェンライ出身のナショナル・アーティストの指定を受けていた芸術家バーン・ダムが製作した作品の展示施設として開設した私設博物館です。

水田が続く田園地帯を縫うように走る田舎道から急に前が開けると、黒いチーク材を用いて建築された寺院のような建物が現れます。地元では「黒い寺」と呼ばれているそうです。

屋根の形はこの地方独特のランナー様式で、幾重にも屋根が重なる独特の形状をしています。建物の扉は厚さ一〇cm以上、長さ五m以上のタイ独特のチーク材の一枚板に複雑な動物文様を彫刻しています。さらに内部の柱の表面にも同じような文様装飾が彫刻されています。装飾彫刻がなされた柱は建物内に無数に見られます。仏教寺院で本尊が安置されている場所に作者の彫像が置かれています。花などの供物はありませんが、代用品のような装飾物が置かれています。これらの作品の作者バーン・ダムは五年前に他界しているとのことでした。

水牛の角で造られた装飾品や、ワニやニシキヘビの革が長いテーブルの上に伸ばした形で広げられています。その革の上部にはコインが賽銭のように重ねて置かれていましたが、これは訪問者が置いたものなのでしょう。

バーン・ダム博物館の建物群

建物内の装飾彫刻

ギャラリー

最初の建物を出て次の建物に移動します。やや小型で倉庫のような展示空間ですが、屋根はやはり独特なランナー様式です。その次の建物は横に三棟が並んで立つという独特の形態をとっています。日本で神社神殿本体が横に並んで建てられている姿を思い浮かべます。どの建物にも黒い木材が使われています。

いくつもの高床式の建物の床下には地域の民俗資料や、象の骨格標本、水牛の角が展示されています。ほとんどの建物にさまざまな大きさの水牛の角が置かれており、犠牲になった水牛はゆうに百頭を超えているでしょう。入口の駐車場の周りにギャラリーがあり、バーン・ダムの作品が並べられています。訪問時には開館していなかったので、ガラス越しに内部の様子を観察しました。

❖ローン・クン寺院　Wat Romg Khun

バーン・ダムの創建した寺院（?）が黒い寺と呼ばれているのに対し、この寺は白い寺と呼ばれています。外見が真っ白な構造物が重なり合うという、不思議な景観をなしています。チェンライ市街地からチエンマイに向かって約一五㎞のところにあります。国内外からの観光客がバスや自家用車でひっきりなしにやってくる名所になっています。

ローン・クン寺院

ギャラリー

タイを代表するグラフィックデザイナーであるチャルーンチャイ・コーシピパットのデザインで一九九七年から建設工事が開始された寺院です。全体を覆うホワイト（白色）は純潔をイメージしたものだそうです。

入口にある人工池に架けられた橋を渡るといよいよ寺の伽藍内に入ります。内部には仏教の神話をモチーフにした装飾彫刻が左右に並んでいます。彫刻の先端には雲やゆらめく炎が表現されています。建物の屋根は幾重にも重なりあうランナー様式で、本堂とその後背部の仏塔も北部タイの伽藍配置が原則的に守られています。

伽藍建物の周りにはランナー様式の白い屋根を持つ建物が並んでいます。とくに大きいのがチャルーンチャイ・コーシピパットの作品を展示するギャラリーです。「ホールオブマスターワーク」と建物に表記された壁面には、観客を歓迎するポーズの等身大の写真パネルが掲げられています。館内には彼の絵画を中心に彫刻などの主要作品が展示されています。またミュージアムショップでは、彼の作品の写真やガイドブックなどが販売されています。このギャラリー建物の外にはたくさんの土産物店が軒を連ねており、にぎわっています。

❖ウブカム・ミュージアム Oubkham Museum

市街地の中心部にある一見寺院のような博物館です。入口の両側には象の頭部の彫刻が張り付けられており異様さをかもし出しています。しかし一歩内部に入ると、まるで宮殿のような雰囲気の建物がひしめくように建てられています。そのすべてに極彩色の塗装や黄金がちりばめられていいます。とくに奥にある三重の塔のような建物はランナー様式の特徴をよく表わしているようです。

チェンライのランナー王族の子孫といわれるジュン・ラサク・スリヤチャイという人物は、各地を訪ねてランナー王朝に関連する遺品を収集してきました。そのコレクションを展示公開するために設立したプライベート博物館です。

正面の二階建て建物の内部はまるで倉庫そのもので、博物館の展示室というよりは土蔵の壁面に置かれたガラスケースに詰め込まれたコレクションを見るというような状態です。黄金製の仏像や仏具が多く、宝石で作られたものもいくつか見られます。案内役の女性は、その財産価値を強調し、これらの宝物が狙われるから写真撮影を禁止していると強調していました。

この博物館で最も大きく豪華な展示品は黄金の玉座です。約二五〇年前ミャンマーチェーン・トウンで用いられていたというも

ウブカム・ミュージアム

入口にある象の頭部の彫刻

洞窟風の展示室

黄金の玉座

ので、背景の頂上部分には仏教的悟りの象徴とされる孔雀が、左右両側には守護神としてナーガ（竜王）が前面を金箔で装飾された状態で配置されています。

館の名前に使われているウブカムとは王に食事を供するための容器の名前です。多くの製品は竹の板を用いて巻き上げ、漆、金箔、宝石などをちりばめて装飾されています。

この他、さまざまな大きさの仏像がありますが、多くは寺院ではなく個人的に礼拝していたものが収集されています。染色、織物では、シャン族の王室を描いた布織物、宮廷衣装としてドレスに仕立てられているもの、布の状態のまま反物として巻かれているもの、マフラー用や帯状の布地などが展示されています。装飾品も重要なコレクションです。一部を紹介すると、タイ少数民族のルー族やシャン族女性が使用していた銀のかんざし、同じくルー族が使用していた髪飾り、チェンセン地域の遺跡で出土した七五〇年前の指輪などがあります。

この博物館で面白いのは洞窟風の展示室です。洞穴内のところどころに穴が掘られ、自然の棚が形成されていて、そこに宝物類が無造作に集められています。案内嬢がいうには、戦争などの万一に備えて宝物を避難させた状態で公開しているとのことでした。この博物館は写真撮影にとても神経質です。防犯上の理由なのですが、オーナー館長のコレクションへの執着する姿勢が表れているようにも感じました。

❖プラケオ寺院　Wat Phra Kaew

チェンライの市街地中心部から北西部、コック川の南三〇〇m余りの所にある寺院です。建立当初はワット・パヤ（竹林寺）と呼ばれていたそうです。境内の奥に少しばかりの竹林が見られますが、これらと関係があるのかどうか……。

境内の解説板によると、「一四三四年稲妻が仏塔を直撃し、これによってエメラルドの仏陀の安置が予告された。このめでたい出来事が、ワット・プラケオ又はエメラルド仏陀寺院といわれる由縁である」とあります。仏塔に落雷があり、そこからエメラルド仏が見つかったと書いてあるガイドブックもあります。いずれにせよ、現在バンコクのワット・プラケオに安置されているエメラルド仏は、この寺院に源を持つということです。エメラルド仏は一三九一年から一四三六年までこの寺院に祀られたのち、ランパンに移されます。そこで三二年間安置されたのち一四六八年にチェンマイに移され、一五五三年までの八五年間安置され、さらにラオスで二二五年間祀られました。そして一七七八年にタイ王国の首都バンコクに移されました。

境内には特別な場合を除いて閉じられている正門の正面に

本尊エメラルド仏

プラケオ寺院

本堂、仏塔が配置されています。仏塔の右手奥にはランナー様式のお堂があり、そこに一九〇〇年の国王母堂誕生九〇歳のお祝いにカナダ産のヒスイを加工して作られたエメラルド仏が安置されており、多くの信者の信仰を集めています。ちなみにこのエメラルド仏は、バンコクにあるワット・プラケオの仏像とほぼ同じ大きさの高さ六五・九cmあるそうです。この他、中国風の金銅仏像を祀る小さな堂をはじめ僧坊や事務所などがありますが、いずれも近代的な建物です。

❖プラケオ寺院博物館　Wat Phra Kaew Museum

境内の東端にあるホン・ルアン・セン・ケオ（Hong Laung Saeng Kaew）と呼ばれるランナー様式の二階建ての建物が付属博物館です。

展示室は板張りで美しく磨かれており、履物は脱いで入ります。周囲の壁面にはガラスケースが置かれ、金属製仏具やブロンズ製小型仏像、宝石製小仏像、建築材の破片、境内からの出土遺物などが整理されて並べられています。これまで見てきた寺院付属博物館とは全く異なり、展示に力が入れているのがよくかります。

中央奥には仏像が安置され、その前には礼拝壇が設けられ誰でも拝むことができるようになっています。展示されている仏像はすべて入口方向、東向きに並べられています。壁際に仏像が失われたブロンズ製の台座が置かれています。ここに置かれていたのは高さが二mを超える大型の仏像であったと考えられます。

東南アジア諸国で先史時代以来の祭祀用具とされている銅鼓も一点

プラケオ寺院博物館

置かれていましたが、外面、上面に同心円文は見られますが、側面などほかの部分には装飾文様などは見られず、時代的に新しいと考えられます。

経典などを収めたとされる幅、高さともに五〇cm前後の木箱が中央部に置かれています。その表面には美しい幾何学や唐草文の彫刻が施され、漆が塗られています。経典はガラスケースに入れて展示されています。短冊状の紙に書かれた折本状態のもので、日本の寺院などで見るものの二〜五倍の大きさです。

寺院の付属博物館ですから仏教関係の展示がほとんどと思っていましたが、実際は多種多様なものが展示されていました。ガラスケース内には先史時代の遺物が並べられています。磨製石斧、彩文土器などの完全な形状で残っているものばかりです。陶器や磁器も集められていますが、小型製品が多く水甕のような大型製品はほとんどありません。

すべて東向きに整然と並べられた仏像

先史時代の遺物の展示

二階にも展示品が目白押しに並べられています。木造、ブロンズ、金銅、玉、石製品とさまざまな仏像が多いのはいうまでもありませんが、陶磁器も多く見られます。豪華な彩色の施されたベンジャミン焼きの鉢や藍色の文様が美しい染付の皿や茶碗なども見ごたえがあります。朱漆の椀や鉢、皿などの仏器のほか、高さ一〇cm前後の小型の土製仏像や金属製の押出仏なども多く集められています。そのほか、量は多くありませんが民俗資料も展示されています。

刀、槍、盾などの武器・武具や礼服、布などが集められています。

展示品についての細かな解説パンフレットがありましたが、来訪者がその場で読むためのもののようで受付に数冊用意されていました。展示品の写真と法量、解説がタイ語と英語で表記されています。この博物館には僧形ではなく洋服を着た担当者が常駐し、来訪者の質問にも適切に対応してくれました。他の寺院付属博物館でもこうしたらよいのにと思いつつ館を後にしました。

パヤオ　Phayao

パヤオは、タイで三番目に大きなクワーンパヤオ湖のほとり、標高一五〇〇mを超えるルワン山やクンメーファート山などの山々に囲まれた町です。中国南部からタイに南下してくる際に必ず通過する大規模な盆地で、肥沃で風光明媚な土地であることから、ラーオ族やヤオ族など多くの民族がその足跡を残してきました。

一〇九六年、チョームタム王によって小規模なムアン部族国家パヤオ王国が建国されています。この王国は最初のタイ族の国であり、後に最初の国家とされるスコタイ王国よりも一五〇年あまり先行しています。

一三世紀にはパヤオ王国のガムムアン王がチェンマイのランナー王朝のマンラーイ王やスコタイ王国のラムカーヘン王と同盟を結びその勢力を拡大したとされています。ガムムアン王の時代にはパヤオ王国は北東に勢力を拡張し、王国の歴史の中で最も勢力を拡大したとされています。しかしガムムアン王の死後は周辺諸国による侵攻が繰り返され、王国は衰退に向かっていきました。やがて一三三八年にはランナー・タイの属国とされ、その後ビルマ・タウングー王朝の軍隊によって占拠され、町は廃墟となりました。

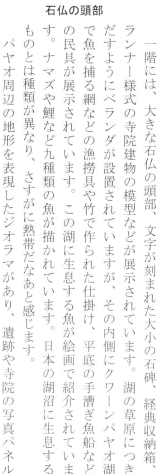

❖パヤオ文化展示館 Phayao Culthual Exhibition Hall

幹線道路から外れ、クワーンパヤオ湖沿岸を少し走ると、シー・コムカム寺院の伽藍が目に入ります。この寺の手前に展示館があります。中庭のある近代的な二階建ての建物の一階回廊部分と二階が展示スペースです。入口を入ると右側にミュージアムショップを兼ねた受付があり、その奥の事務所には黄色い法衣姿の僧侶と女性がいます。隣接する寺院との深い関わりがわかるようです。

パヤオ文化展示館

石仏の頭部

一階には、大きな石仏の頭部、文字が刻まれた大小の石碑、経典収納箱、ランナー様式の寺院建物の模型などが展示されています。湖の草原につきだすようにベランダが設置されていますが、その内側にクワーンパヤオ湖で魚を捕る網などの漁撈具や竹で作られた仕掛け、平底の手漕ぎ魚船などの民具が展示されています。この湖に生息する魚が絵画で紹介されています。ナマズや鯉など九種類の魚が描かれています。日本の湖沼に生息するものとは種類が異なり、さすがに熱帯だなあと感じます。

パヤオ周辺の地形を表現したジオラマがあり、遺跡や寺院の写真パネルなどが添えられています。

二階には、考古学の遺物や隣接する寺院との関連遺物などが展示されています。煉瓦を積み上げて、かつての城壁を表現した上にガラスの展示ケースがあり、打製及び磨製の石斧が多く並べられています。珍しいものとしては刀型の石器や分銅型のものなどがあります。おそらくこの時期には並行して土器の使用があったと思われますが、ここには土器は展示されていませんでした。

漁撈具の展示

仏教関連の遺物では、六角形の石柱の側面に音楽を演奏する人物像を彫刻したものや、二頭の象が彫刻された石の台座、ガラスケースには石仏の頭部、あるいは頭部を失った石仏など二五点が置かれています。次の部屋では中央に石仏台座彫刻が置かれ、その奥壁側には中央に一体、左右に二体ずつ金銅仏が安置されています。その前方には装飾彫刻が美しい衝立が三面置かれています。別のケースにはブロンズ製の仏像の頭部が数多く集められ、銀製の押出仏や土星の仏像、瓦製の仏像などもあります。このほか仏具と見られる金属製品もあります。鉢、楽器、鏡状の板、花瓶などいろいろな形状の製品が見られます。

この地域はカロン陶器として知られる北部タイの陶器生産地であり、その製品をここで見ることができます。その一つが鉄絵鳥獣文唐草文壺です。口頸部はほぼ直立し、体部最大径は口径五・六㎝、高さ四九㎝のやや胴長の大壺です。残念ながら口縁部の一部は欠損していますが、ほぼ完全な形といってよいものです。外面の口縁に至るまで、黒褐色の鉄絵ですべてに文様が施されています。このほか鉄絵鉢や褐色釉壺、白磁の高坏（台付き鉢）青磁壺などがあります。とくにロン・ハイ寺院出土のパヤオ窯製品の壺などは良好な残存状態の優品です。展示室の一画には、これら陶磁器生産地の作業の様子を復元表示したジオラマが置かれています。

カロン窯は、タイの陶磁器として日本でもよく知られているスンクワロク（宋胡録）より数世紀先行する一三世紀から一四世紀ころに焼かれたとされており、これらの技術がスコタイ時代に伝えられてスンクワロクが成立したとも考えられています。このほか一五世紀から一六世紀に生産されたパーン焼の陶磁器の展示も行われています。このコーナーではほかにも中国景徳鎮から運ばれたとみられるパヤオ地域内の寺院から出土した藍色の釉薬でおなじみの染付（青花）の鉢や皿、壺、碗なども見ることができます。

陶磁器のコーナーで少々圧倒されてしまいましたが、次の製造品のコーナーも展示に力が入っています。

陶磁器の展示

ケースの隅のコーナーに石工が仏像を彫刻する姿や石碑に文字を刻む様子がジオラマで表現されています。これらの作業から生み出された石造製品は大小さまざまな大きさの仏像や文字を刻んだ石碑となります。どれもケースの内外に展示されていますが、解説文がもう少しあればありがたいというのが正直な感想です。

次の展示は金属製の仏具及び建築部材などの展示です。鉄砲や火薬入れ、小型の鉄製の大砲も並べられています。

これらのコーナーから続く展示はパヤオ地域の寺院、特にこの博物館の運営を行っている・シー・コムカム寺院に関する内容が多いようです。またこれに続いて、なぜか恐竜化石と埋葬人骨が置かれていました。添えられているパネルの絵から見ると人骨は相当古く先史時代にまで遡るようです。

❖シー・コムカム寺院
Wat Sri Khom Khan

パヤオ文化展示館に隣接する寺院（というよりは展示館が寺院の境内の一画にあるという方が正しいのかもしれませんが……）は、周囲に築地塀が巡らされ、正面入口の両脇には、狛犬ならぬ黄色に黒い斑点の特徴ある姿の豹と、横縞のある虎の像がにらみをきかせています。その背後には獅子像がありま す。門を入るとランナー様式の屋根が特徴的な本堂があります。本堂正面の上部の装飾はかなり派手な色遣いで目立っています。

シー・コムカム寺院

豹と虎の像

❖プラ・タート・チョームトーン寺院
Wat Phra That Chom Thong

シー・コムカム寺院の北約二〇〇ｍの丘の上にある寺院で、細長い切妻式屋根の本堂は豪華絢爛な彩色が施され、その背後には白い仏塔が見られます。この本堂と並行して布薩堂や博物館などがあります。

プラ・タート・チョームトーン寺院

❖プラ・タート・チョームトーン寺院博物館
Wat Phra That Chom Thong Museum

博物館は本堂、仏塔とほぼ平行するように位置しており、ランナー・タイ様式に似た伝統的な様式の二階建ての建物です。ブルーのタイルで覆われたフロアには靴を脱ぎ室内に入ります。

館内を撮影してよいか係の男性に訊ねると、少し待てという。五分くらいで担当の僧が現れ、どうぞご自由にと親しげに話しかけてきます。彼はこの博物館の担当者で、何年もこの寺に居住しているということでした。

ここにある展示品はこの寺から出土したものばかりではなく、パヤオ地域全体から出土したものや廃寺になった寺から寄せられたものであり、この博物館だけでは保管しきれないほど集まってきているようです。確かに館外の軒下にも多くの石造品がうずたかく積み上げられていました。あれこれと話を聞いた後、展示品を見ることにしました。

一階では、建物の半分を金網で囲って小型の仏像や出土品を棚に保管しています。出所が書かれた小さなメモが添えられていますが、とても展示する余裕はないようです。

正面のガラスケースには、茶褐色で描かれた幾何学文様が特徴の彩陶と呼ばれる土器、藍色の草花文様が施された染付磁器などが置かれています。これらの多くは出土物ではなく、伝世品のように美しい残存状態のものです。

展示室

プラ・タート・チョームトーン寺院博物館

近年の生活道具

陶磁器

青磁、染付製品では茶碗が最も多く二八点、陶器および染付の鉢は一二点あります。小さな青磁、白磁の壺や鉢など七〇点、独特の豪華な色遣いの文様施釉が特徴のベンジャミン焼きの大型鉢二点などもあります。このほか、ガラスケースの背後には石碑が、奥の壁面には高さ一m足らずの木造仏座像と石仏が五体ほど置かれています。またビルマの竪琴で知られる楽器も一点見られます。このほか、建築材料として用いられた煉瓦の表面に落書きの文様が残されています。文字のような文様や植物の文様のようなものなど職人の遊び心がそれらを描かせたのかもしれませんが、これは貴重な資料でしょう。

二階には、建築部材の彫刻装飾が多く展示されています。このフロアは板張りです。ここでは建築部材として用いられていた普段はあまり見ることがない木彫製品が多く並べられています。堂内で用いられていた燭台などの仏具にも素晴らしい彫刻が施されているものがあります。仏像彫刻ではクメール文化の香りがする石仏、ブロンズ仏、金銅仏があります。仏画もごく少数ですが見ることができました。経年変化によって色調は薄れてきていますが、描かれている景色や人物、仏像などは比較的明瞭に見えました。また一階で見たものと同じような陶磁器の破片が集められていました。

展示室の片隅に近年の生活道具が並べられていました。テープレコーダーやラジオ、ランプ、アコーディオン、蓄音機、扇風機、アイロン、自転車等です。また農耕用の民具も少量ですが置かれています。

先に紹介した博物館担当の僧は、見学中ずっと付き添ってくれました。彼が生き生きとして説明してくれたコーナーはこの寺の僧侶を紹介したところで、表彰されたことや写真に写っているのが自分であることなどを熱心に話してくれました。博物館を出て駐車場に向かう途中でこの寺の長老と呼ばれている僧侶に出会いました。長老は、博物館が手狭になっており、たくさんの文化財の管理に頭を痛めている。新しく建てたいと考えているが思うに任せないという話をしてくれました。老僧の願いが一日も早く実現してほしいものです。

チェンマイ　Chiang Mai

バンコクの北約一〇〇㎞にあるチェンマイは、「北方のバラ」ともたたえられる北部タイ最大、タイ王国第二の都市です。バンコクから飛行機で一時間余りで着きます。

一二九六年、ランナー王朝初代のメンラーイ王はピン川の沿岸のこの地を都としました。その後、一五五六年にビルマ（ミャンマー）に侵略されるまでの二六〇年間繁栄し、さらに後の一八世紀までのビルマの支配下にあっても、北部地域独特の仏教文化を育んできました。

チェンマイとはタイ語で「新しい都」という意味です。周辺は最高峰のドイ・インタノン山をはじめとした山々が峰を連ねており、多くの山岳民族の居住する地域でもあり、伝統的な文化が残されています。

この地域ではモン族、ビルマ族、タイヤイ族などタイのさまざまな民族が交流し、そこに仏教、芸術、建築、言語、料理などの各分野でランナー文化と呼ばれる独自の伝統的文化が育まれてきました。

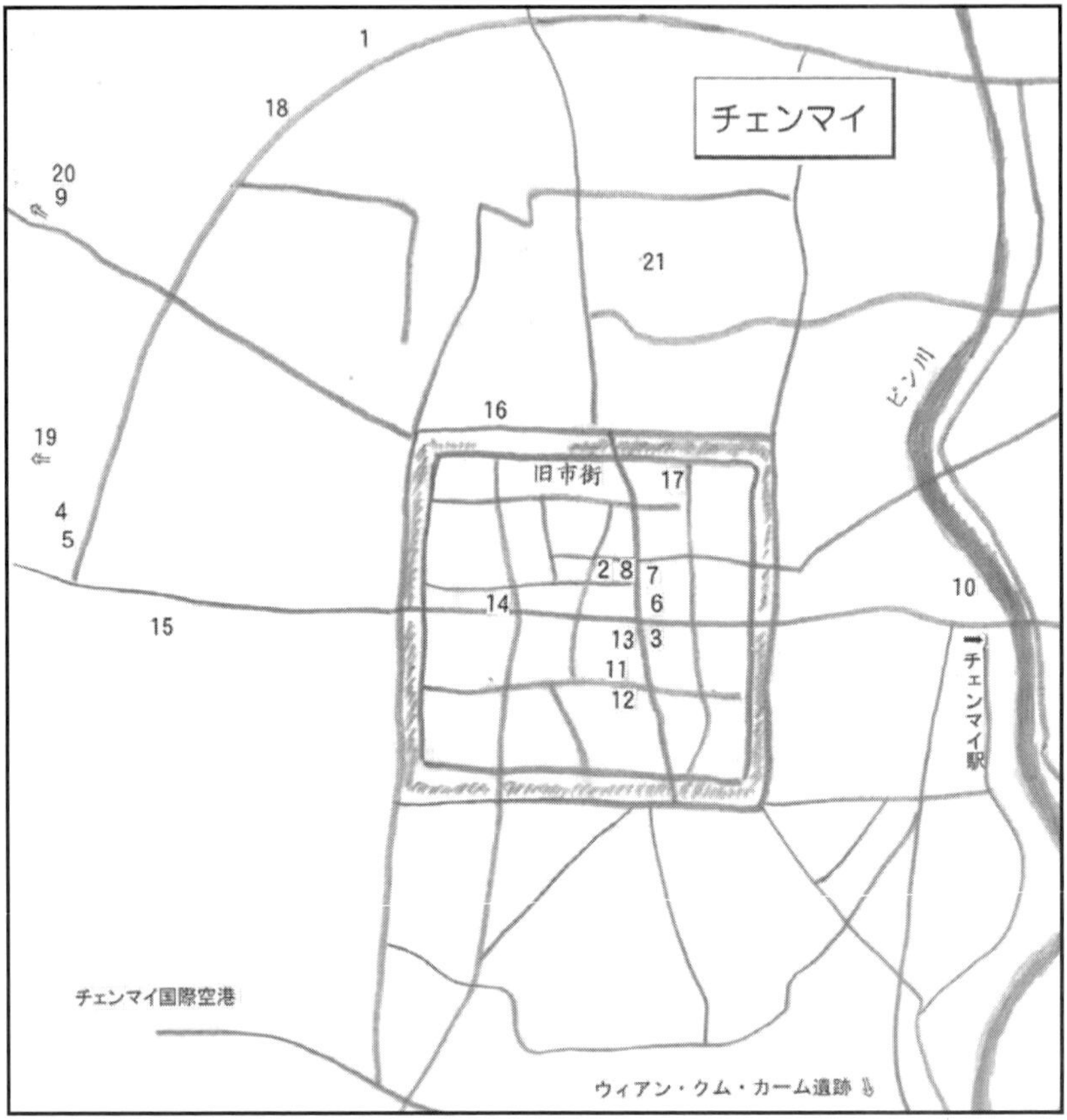

1 チェンマイ国立博物館 2 チェンマイ市芸術文化センター
3 ランナー建築センター 4 チェンマイ大学芸術センター
5 チェンマイ大学伝統民家野外博物館 6 宝物展示博物館（コイン博物館）
7 ランナー民俗生活博物館 8 三人の王の銅像 9 チェンマイ動物園
10 切手（郵便）博物館 11 チェーディ・ルアン寺院
12 仏教典籍図書館と博物館 13 パンタオ寺院 14 プラ・シン寺院
15 スアン・ドーク寺院 16 ローク・モーリー寺院 17 チェン・マン寺院
18 チェット・ヨート寺院 19 ウモーン寺院と博物館
20 プラ・タート・ドーイ・ステープ寺院と博物館 21 クー・タオ寺院

❖ウィアン・クム・カーム・インフォメーション・センター
Wiang Kuw Kam Information Center

ウィアン・クム・カーム遺跡をはじめ寺院の歴史や出土品の紹介などを行う施設で、専用の電気自動車や乗合馬車が駐車場にたくさん停まっています。ここがチェンマイ観光の起点となっていることがわかります。

伝統的な様式を取り入れた建物で、外見よりは内部が広い施設です。

展示の最初はチェンマイの建設を最初に行ったメンラーイ王のコーナーです。王の系譜を背景にして赤い花などが供えられた王の立像が中央に置かれています。次にランナー王朝時代チェンマイの地図とさらに古い時期のチェンマイの地図があります。そこには正方形の周壕に囲まれた都と、その周囲の田畑を耕作する人々が描かれています。ラームカムヘーン王の時代の文化を紹介するコーナーでは表面に線刻画が描かれた煉瓦や文字の刻まれた石碑が展示されています。また当時の人々の暮らしぶり、とくに市場の賑わいを再現したジオラマでは船による交易の様子も見ることができます。

インフォメーション・センター

メンラーイ王のコーナー

農業のコーナーでは、方形の水田に川の水を効率よく配分する仕組みが模型で説明されており、よく理解できます。出土遺物の展示コーナーでは、背景に出土品の写真パネル、その前方に木枠の展示棚があり、そこに二、三点の施釉陶器壺、鉢や染付磁器の茶碗、テラコッタ製の大小の磚仏《せんぶつ》が展示されています。塑像や石彫の仏頭もケース内に展示されています。これらの仏像の様式からこの地域のランナー文化における仏教の広がりと繁栄を読み取ることができます。これらの遺物類は各遺跡を見学しても、解説では触れられていません。実物の出土品展示は遺跡・遺物の理解を助けるものとして大変ありがたいものです。最後の展示では遺跡の現状及び調査の状況を示しています。遺跡の調査では地層の断面観察はとくに重要なチェックポイントですが、それをさりげなく示しているのは好感が持てます。このほか、遺跡の現状を写した大きなカラー写真パネルを見るとそこに行ってみたくなります。

インフォメーション・センターという名前から、せいぜい観光案内所のようなものかと思っていましたが、実はとても充実した施設でした。

❖ウィアン・クム・カーム遺跡
Wiang Kum Kam Remains

チェンマイの市街地から南東約五km、ピン川の近くにあるこの遺跡はメンラーイ王がチェンマイに遷都する前の一二八六年に築かれたランナー王朝の最初の都でした。しか

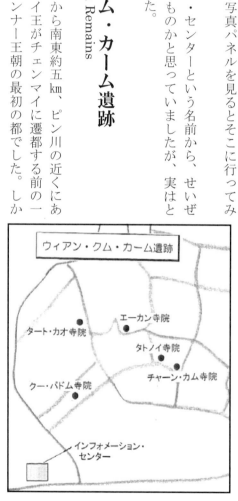

し度重なるピン川の洪水によって都は土砂に埋もれてしまい、その存在も忘れられていましたが、一九八四年に発見されました。

かつての都の周濠の中には二〇余りの寺院遺跡が確認されています。調査で確認された仏塔や建物の遺構は、元の位置で修復され、ランナー文化を伝える貴重な歴史遺産として一般公開されています。そのうちのいくつかを紹介しておきましょう。

■ターﾄ・カオ寺院　Wat That khao

都の防御のために掘られた周壕沿いに寺院跡があります。一九八五年から一九八六年に行われたタイ芸術局の発掘調査で明らかになりました。白い漆喰で塗装された仏塔（タート・カオ）という意味です。

現在は煉瓦積みの本堂の基壇とその後背部の煉瓦造りの仏塔が残されており、その塔の隣りには大仏像が露天にさらされています。この大仏は煉瓦造りの基壇上にあることから、大仏を覆う建物があったものと思われます。大仏は上半身に袈裟のような布をかけた状態になっています。仏塔の前方には一六本の柱を持つ長方形の本堂の建物があったと考えられており、この寺院は一六世紀後半から一七世紀のころの創建と考えられています。

■チャーン・カム寺院　Wat Chang kan

現在もある寺院の境内の遺跡ですが、おそらく現在のお寺との直接的

チャーン・カム寺院

タート・カオ寺院

な系譜関係はないようです。一九八四年から一九八五年まで発掘調査が行われました。煉瓦造りの仏塔とその前方に建てられた本堂の基壇が残されています。仏塔は十二m四方、高さ一八mで、メンラーイ王によって一二九〇年に建立されたという記録が残されています。

■タトノイ寺院　Wat Thatnoi

この寺院については歴史的な記録は全く見られず、わずかにタトノイと呼ばれていたことが伝えられています。一九八五年から一九八六年の発掘調査で本堂と仏塔の建物が確認されました。建物の床は煉瓦で構築されており、基壇の高さは地面から二mの高さにあります。

■エーカン寺院　Wat E-kang

煉瓦を積み上げて構築された高さ約一mの基壇とその上に建てられた六角形の仏塔が残され、その前方には一六本の柱がある本堂の建物があります。この地域の発掘調査でかつて洪水があったことが明らかになりました。この寺院の歴史については明らかではありません。

■クー・パドム寺院　Wat Ku Padom

多くの建物の痕跡が発見されたこの地域で最も大きな規模の寺院遺跡です。一九九九年から二〇〇三年に調査が行われました。道路が現在も使われているため十分な調査が行えず、現在もなお道路の下に多くの寺院遺構が眠っています。

本堂とその後背部分に仏塔という基本的な伽藍配置は、ほぼ同じですが、礼拝堂や井戸、祭壇など付随する小型の建物が多くみられ、相当大規模な寺院であったことがわかります。ちなみにこの寺院の名前は、この遺跡の旧地主の名前からつけられたそうです。

クー・パドム寺院

遺跡が見つかった場合、かなり安い補償金で国庫に土地が召し上げられてしまうので、遺跡の存在を知られないようにする傾向が強いとのことです。日本の埋蔵文化財でも同じようなことがあります。

❖チェンマイ国立博物館 Chiang Mai National Museum

市街地の中心部から北西約一・五㎞にある北部タイ最大の博物館です。建物は二階建てで、重なった切妻屋根全体が赤茶色の瓦で葺かれていいます。白く塗られた壁と対照的な色調です。入口の屋根には独特の装飾が施されています。

入口正面前方の小さな池の中央に国旗掲揚台が見られます。館の前に広がる広い芝生の前庭には陶器の焼成窯の復元模型が置かれています。その一つは一九七〇年に発掘調査された一六～一七世紀の窯で、コンクリートで復元されています。少々荒削りの復元で、天井の一部は失われた状態です。さらに少し離れたところに一九七二年に発掘された一五～一七世紀の復元窯があります。この窯は天井まで復元されていますが、方形ののぞき窓から内部が見えるようになっています。煙突部分も含めてこの窯はモルタル（コンクリート）で復元されています。

展示室では六つのテーマ展示が行われています。第一のテーマは先史時代です。自然石を打ち欠いて造られた素朴な旧石器から展示が始まります。

陶器の焼成窯の復元模型

チェンマイ国立博物館

新たな収蔵品の納骨塔

また最初の国家であるハリプンチャイ王国に関連した出土遺物が並べられています。第二のテーマはランナー王朝の関連遺物です。チェンマイ市内にみられるランナー王朝の痕跡、ランナー王朝の起源や北部の陶器、さらにランナー王朝の衰退が説明されています。第三は歴代のチェンマイの王朝に関するもの、第四はチェンマイ地域を中心とした経済と交易に関連するもの、第五は「社会の変革への道」と題し、北部タイの伝統的な産業、学校での教育問題にスポットを当てています。第六のテーマは北部タイのランナー文化やタイ王国の芸術作品の紹介です。展示品は質量ともに多恵があります。

展示室入口付近に新たに加えられたコレクションが一括して床の上に直接並べられていました。ランナー様式の建物を模して造られた葬送用具とのことでした。仏教風でもありアラブ・イスラム風でもある独特な屋根の形や建築様式、色遣いはとても興味深いものです。遺体を収めた棺を入れて運ぶための神輿です。写真撮影はダメだと言われたのですが、あまりに熱心に眺めていたからか、学芸員が特別に撮影を許可してくれました。

❖チェンマイ市芸術文化センター
Chang Mai City Art & Culture Center

チェンマイの旧市街地の中心部にある白亜の二階建ての近代的な建物で

芸術文化センターと三人の王の銅像

す。すぐ後ろに三人の王の銅像があります。この建物は一九二四年に王室のために建設されたものでしたが、その後、県や市の役所として使われました。

ここはチェンマイの歴史や文化をジオラマ模型を多用して紹介する展示施設です。簡単な植栽のある中庭の周囲に回廊状の建物が配置されています。窓は中庭側二階は方形、一階は方円形となっていますが、外からは全く見えないので、外見は細長い退屈な建物に見えます。

入口近くにこの地域の仏塔建設風景のジオラマ模型があります。塔の周りに足場が組まれ、多くの人々が建設にかかわっている様子がわかります。壁面には曼荼羅状のデザインの装飾、ピー川のパノラマ写真が掛けられています。満々と水をたたえて流れるピー川はこの地域の母なる川でもありましたが、時には氾濫で大きな被害をもたらす恐怖の存在でもありました。次に大きな石碑が建てられています。表面に刻まれた細かな文字は北部タイの歴史を物語る重要な史料です。

展示室のテーマは「一〇〇年前のチェンマイ」「ピー川沿岸の暮らし」「丘陵での生活」などです。

「ピー川沿岸の暮らし」は、ピー川の沿岸に居住する人々の暮らしぶりをそれぞれの生業を中心にジオラマで楽しく見せるようにしています。夜店で裸電球の明かりのもとで細々と自らが育てた農作物を売りながら談笑する老女たちの姿、親子で果物・野菜を売る姿、炊事に専念する老婆の姿、あるいは家の軒先で遊ぶ子供たちや、部屋の中に敷かれた布団と枕などが無造作に放置された部屋の様子も見られます。店先で煙草を売る女性、飲料を売る男性、金属加工品

煙草屋の店先のジオラマ

を作る男性など、普段見慣れた光景です。今は失われた思い出の中にある故郷のかつての姿と重なるという方もいるでしょう。

　農業では、収穫後の稲の穂先の籾を径二mもありそうな大きな竹籠に集めている農夫の作業風景が示されています。

　北部タイの信仰・宗教に関しては、仏像を祀った部屋を再現したジオラマがあります。中央の壇の奥には本尊が祀られ、左右にも祭壇が設けられています。中央の供養壇の壇上には燭台や朱塗りの高坏に盛られた供物が見られます。内部が朱色に統一され、ところどころに金やルビーなどの宝石飾りが見られる荘厳な部屋が再現されています。この部屋がどこをモデルにしたのかはわかりませんでしたが、ランナー文化の粋を集めた仏教祭祀を行う場所と見られます。

　「丘陵での生活」では、丘陵上に住む人々の生活状況をジオラマ模型で俯瞰しています。彼ら山岳部族の日常の衣装や晴れの衣装など帽子から履物までが展示され、また山岳民族の家の構造を模型で示しています。これは日本の農家の屋根の構造と似ています。解説には「アカハウス（An Akha House）」とありました。

「丘陵での生活」の展示

　最後に、地域の風景を撮影した写真展や「ランナー芸術の粋」と題された特別展示が行われていました。ここには青磁の鉢や銀細工の鉢や壺、あるいは漆器の容器など豪華な品々が並べられていました。北部タイでは、時代が変わっても依然としてランナー文化という誇りを持ち続けていると感じました。

❖ランナー建築センター　Lanna Architecture Center

パンタオ寺院と道路を挟んで東側、プラポックラオ通りとラーチャダムヌーン通りの角に位置しています。黒く光沢のあるチーク材が映える貴族の屋敷として一〇〇年以上前に建築された二階建ての建物です。チェンマイ地方で発展してきたランナー様式の建築について、模型による展示が行われています。隣接するパンタオ寺院の本堂の模型は屋根の部分が取り除かれて垂木の配列や内部の柱配置などが詳細に見られるようになっています。この他にもチェンマイ地域の木造建築の多くについての模型があり、比較して見ることができる点も素晴らしいものです。さらに現地の写真のパネル、設計図も同じところに掲示されています。

ランナー建築センター

建築模型の展示

かつてこの近所に住んでいたというガイド氏によると、この辺り一帯は王族や貴族の所有地であり邸宅もあったそうです。しかし現在は国家に寄贈され、チェンマイ大学建築学部が管理しています。建築模型や建築学的な解説が詳しいのはそのためです。

❖チェンマイ大学芸術センター
Chiamg Mai University Art Center

チェンマイ大学のキャンバス内にあるアート・スペースです。大学の芸術学部の学生や教職員が製作した作品などを期間を定めて展示する本格的な美術館施設のようです。

訪問した時は展示期間ではなかったようで、作品は全く置かれていませんでしたが、ガラス戸越しに展示室の広さを見ることができました。事務室にいた係員の女性から簡単な説明を受けることができました。施設の前庭には前衛的な彫刻作品がいくつか置かれていました。

余談ですが、ここは飛行機の着陸ルートの真下で、校舎すれすれに飛んでくるジェット機の轟音はかなりのものでした、

チェンマイ大学芸術センター

❖チェンマイ大学伝統民家野外博物館
Chiamg Mai University Traditional House Museum

チェンマイ大学構内にランナー様式の伝統的家屋を移築復元して公開している施設があります。市街地のランナー建築センターにあった建物模型の実物をここで見ることができます。

最初に建物が移築されたのは一九九三年で、以後七棟の伝統的民家が所有者から購入したり寄贈を受けて移築、展示されています。チケット売り場で、蚊などの防除スプレーが貸与され、全身に噴霧してから

米　倉

ガレー・ハウス（パヤ・ウオンの家）

建物の見学に向かいます。順番に見学していきましょう。

・**北部タイの家（パヤ・ポン・ランカの家）**

チェンマイ市街地に一八九六年に建設されたもので二〇〇四年に移築しています。かつてはパヤ・ポン・ランカの所有で、寄贈されるまで五世代にわたって受け継がれてきたものです。高床式の木造家屋が二棟連なるもので、東側は調理のため、西側はゆったりとした寝室として使われていました。また高床の下の空間は日中の作業や休息の場所として使われていたようです。

・**ガレー・ハウス（パッドおばあさんの家）**

一九一七年頃にチェンマイのチェムソーン地区に建設されたものです。四本の柱の間隔は均等で、一般的なガレー・ハウスよりも短く造られています。二つの建物が直角に連なっており、入口側の建物には階段が架けられベランダが建物の間をつないでいます。

・**ガレー・ハウス（パヤ・ウオンの家）**

ランプーンケンパサン地区の貴族の子孫によって受け継がれ、パヤ・ウオンの所有となっていたもので、三代にわたって使われてきました。一九九八年にチェンマイ大学に移築されました。高床式の建物で切妻屋根の二つの棟から構成されており、屋根の破風にはガレーと呼ぶ伝統的な装飾が付けられています。

・**米倉**

ガレー・ハウス（パヤ・ウオンの家）の横に移築されている高床式の倉庫

です。かつてパヤ・ウオンのガレー・ハウスの敷地内に建てられていたものです。北部ランナー地域で最も伝統的な建築物で、一年間に消費する米穀物を蓄えるためのものです。かなり高い高床と四方の周囲にテラスを備え、板壁には通気用の格子が見られ、庇も低い特異な構造になっています。

・北部タイの家（ガエ・タラバニャの家）

博物館の奥まったところにある家屋です。チェンマイの郊外にあった一九四〇年代末期の住宅建築を代表するものです。この地域の農家によく見られる建物に構造的には類似していますが、外壁材や建具は新しい技術で製作されたものを取り入れています。ガエ・タラバニャの家でしたが転売され、その後チェンマイ大学に寄贈され、一九九七年日本の京都精華大学などの支援によって移築されました。

・タイ・ルー・ハウス（モン・トウート）

チェンマイのドイ・サケット郡ムアンヌア村に一九一七年に建設されたものです。所有者の祖先はタイ・ルー少数民族で、この家はチェンマイの環境に適するように改造されたタイ・ルー・ハウスの典型的なものです。二つの棟から構成されるもので、西側は調理用、東側は寝室用となっています。木製の瓦で屋根を葺いた切妻屋根を持ち、高床の下は家畜などの飼育に使用されます。一九九三年に移築されました。

タイ・ルー・ハウス

・パン・ヤの家

最も奥の右隅にある二階建ての大きな木造家屋です。中部タイの伝統的なスタイルの瓦葺きの寄棟屋根が、建物の外側に設置されたバルコニーを覆っています。もともとルアン・アヌサン・サンソーンにあったもので、住居として一九二四年に建設されました。二〇〇四年に移築修復が行われました。

以上、簡単に伝統民家博物館の各建物について見てきました。青々とした芝生が地域全体を覆っており、適度に樹木が茂る野外博物館としては申し分のない施設といえるでしょう。しかし、移築された建物には経年による痛みも部分的に目立っており、対策が急務と思えました。

❖ 宝物展示博物館（コイン博物館）
Treasury Pavilion Museum

ランナー建築センターの向かい側にある博物館です。二階中央部は吹き抜き構造で、一階は半分が事務室として使用されているため展示スペースは二階とほぼ同じ面積です。タイの貨幣の実物を展示し、その変遷を解説しています。巻貝の一種が用いられていた時代からはじまり、単純な文様を刻印したコインの登場、さらには複雑な文様の金貨や銀貨などの変遷も見ることができます。

王室の宝物として展示されているものには装飾が施された壺や鉢などの銅製容器や陶磁器があります。そのほか、タイの軍人や民間人の功績者に授与される勲章や勲記が並べられています。

宝物展示博物館（コイン博物館）

❖ ランナー民俗生活博物館
Lanna Folklife Museum

三人の王の銅像の前方、道を隔てたところに、外壁をクリーム色に塗装した二階建ての伝統的な様式の建物があります。かつては裁判所だったこの建物が民俗生活博物館として利用されています。一、二階が展示室で、壁面、床面ともに木製で、ランナー文化の様々を実物資料で紹介しています。

一階の入口を入るとすぐに、多数の人形が置かれたランナー文化の祭礼行事のジオラマがあり、日常の宗教関連の生活の様子がわかります。さらに、横笛などの楽器演奏のジオラマ、仏像、経典の写本、仏具類などが紹介されています。

寺院などに残された美しい壁画が写真パネルで紹介され、仏壇基壇部分に掘られた浮彫の仏像彫刻も見事に再現されています。長方形、円形などさまざまな形の小物入れの箱の彫刻には朱漆が施されたものも見られます。建築様式では、破風の装飾が実物資料や写真パネルで示されています。

木製階段を昇って二階へいくと、正面に象牙が飾られています。右端の部屋は裁判所の法廷がそのまま

ランナー民俗生活博物館

裁判所の法廷

仏像彫刻

残されており、裁判長席、陪席裁判官席、証人席、弁護人席、検事席、傍聴人席がありますが、いずれも木製の質素なものです。

二階には、布織物のコーナーがあり、機織り機も置かれています。織られた布のままのものが並べられています。またやや古めかしい人物像の描かれた布も見られます。

竹細工の編み物や竹で編んだ籠に入れられた木の実などの食材の展示も見られます。これらはよくできた複製品のようです。竹を割った材料を器用に籠に編み上げていく様子や糸繰り作業をする女性の横で男性が楽器を触っている様子のジオラマ、金糸、銀糸での刺繍を施した布なども展示されています。とくに刺繍した布は枕の側面や小さな物入れ、コースター状の台敷などの製品にも見られます。

ランナー芸術の粋とも言える仏像彫刻では、ブロンズ製は無論のこと水晶仏や木彫仏など、高さが五㎝ほどの小さなものから一ｍを超える大きなものまでいろいろな作品が展示されていました。さらに、表面に朱漆を伴う小物入れの合わせ口の容器や仏具類も見ることができます。

❖三人の王の銅像　Three Kings Monument

チェンマイ市芸術センターの建物の玄関前の広場に建てられているブロンズ像で、チェンマイのシンボル的存在の像です。チェンマイ建設と深いかかわりを持つ三人の大王、すなわちチェンマイ王朝のマンラー王（中央）、スコタイ王朝のラームカーヘン王（右）、パヤオ王朝のカムムアン王（左）です。彼らは互いに協力してチェンマイの街を建設したとされており、その協力関係をこの像は示しています。

三人の王の銅像

❖チェンマイ動物園　Chiang Mai Zoo

チェンマイ市街地内にある動物園です。アメリカ人宣教師ハロルド・マイソン・ヤング（Harold Mason Young）によって一九五二年に創設されました。一九七七年にタイ動物園機構に加えられました。

入口を入るとすぐ左手に象が窓から体を乗り出しているようなモニュメントがあり、象の鼻先から噴水の水が三本勢いよく出ています。園内は許可さえ得れば、自分たちの乗ってきた自動車でも入れるようでしたが、われわれは園内をめぐる乗合のカートを選びました。定員は一五名程度ですが、幸い、我々のほかには客がいなかったのでゆったりと座れました。

暑い地域には適応できないパンダやペンギンなどは飼育舎が建てられていますが、熱帯地域に生息する象やオランウータンなどの飼育ゾーンは広い園内の自然地形を巧みに利用して作られています。

この動物園の特徴ある飼育舎について見ていきましょう。

・パンダハウス（パンダ舎）

中国から貸与されている二頭のパンダが飼育されています。どこの国でもパンダだけは破格の待遇で飼育されています。しっかり冷房の効いた飼育舎です。カラフルな廊下の壁面には世界三五か国で飼育されているパンダの分布が示されています。日本で飼育されているパンダも紹介されています。

ところで、パンダに限らず動物たちは観客の注文通りにはポーズをとってはくれません。自由気ままに舎内を歩いたかと思えば、中央の台の上に寝転がって我々を見ています。それでも子供たちも大人たちも楽しそうでした。

パンダハウス（パンダ舎）

・象舎

タイでは、バンコクをはじめ各地の動物園や象飼育センターなどで象が飼育されています。たいていは愛らしい表情をしていますが、この動物園の象は顔面に入れ墨を施されたすさまじい形相をしています。歌舞伎の隈取りのようです。象は観光客から直接手渡しで餌のバナナをもらっており、よく人に馴れています。象に乗る体験ができるのですが、トライする人がいないようで象遣いも退屈そうにしています。

・オランウータンゾーン（オランウータン飼育場）

動物園の最も奥にあります。周囲に広い壕が掘られているだけで、金網などの防御柵は設置されていません。木陰で横たわっていた毛並みの立派なオランウータンが、突然起き上がってわれわれの前にやってきました。そこで岩の前に座り、両手両肘をついて我々人間を眺めています。

・ペンギン舎

オランウータンの飼育場から坂を下ると白く塗られた建物が目に入ります。ペンギンの飼育舎です。さすがにこの国の気候は極地から来たペンギンには暑すぎます。飼育舎は冷房がガンガンきいています。入

象　舎

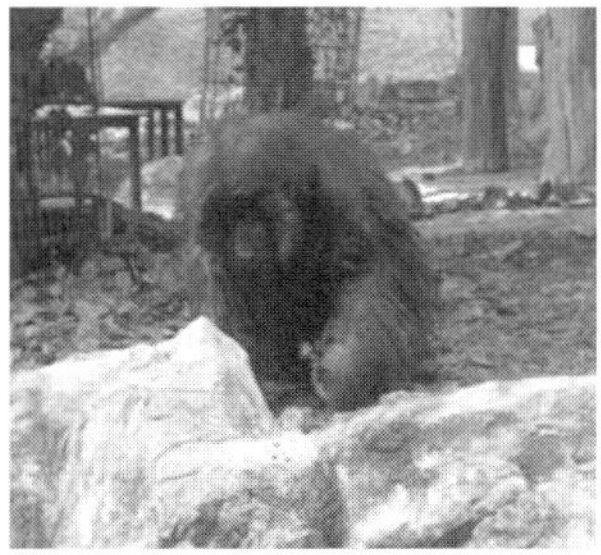

オランウータンゾーン

ペンギン舎

水族館の水中トンネル

口を入ったところになぜかマンモスの復元模型が置かれています。詳細な説明がないので少々戸惑ってしまうかもしれません。

・水族館

チェンマイ動物園の中央にある池を取り込むように建てられている水族館です。

展示水槽のある建物へは池に架けられた橋を渡っていきます。入口付近にはなぜかウサギが飼育されています。その前方には亀、鯉が飼育されている水槽があり、正面には「アクアリウム」と書かれた看板が掛けられています。

二〇〇八年一〇月には一三三メートルのトンネル型水槽が完成しました。近年の水族館ではよく見られる水中トンネルですが、ここは少し暗いように感じました。歩道にはベルトコンベアーが設置されているのですが作動していませんでした。また、トンネルの奥が行き止まりで、来た道を戻るようになっています。これは改善が必要でしょう。

そのほか、展示水槽にはシルバーアロワナ、キャットフィッシュ（アメリカ・ナマズ）など熱帯地域の川や沼などの淡水域に生息する鯉やナマズの種類が多数飼育されていました。

❖切手（郵便）博物館　Post Museum

郵便局の局舎として使用されている建物を博物館にした（する？）もので、現在修復工事中でした。ちょうど雨季のため突然の降雨に見舞われ、展示品の上にビニールシートが掛けられています。展示品は記念切手、郵便仕分け用の

切手（郵便）博物館

ボックス、通信用タイプなどが見られました。また郵便の歴史についてもパネルが用意されているようでした。

チェンマイの寺院

北部タイの中心都市のチェンマイには大小の多くの寺院があります。そのうちチェーデイ・ルアン寺院、ウモーン寺院などには付属博物館があります。そのほかの寺院でも歴史的に由緒のある建物などを見ることができます。さすがにランナー文化の中心地域であると感じます。すべての寺院を紹介することはできませんが、特色の見られるものを簡単に紹介します。

■チェーディ・ルアン寺院　Wat Chedi Luang

チェンマイの旧市街地のほぼ中心部にある寺院です。一三九一年、メンラーイ朝第七代のセーンムアンマー王（一三八三～一四〇二年）が父王を偲んで建立したと伝えられる、チェンマイで最も大きな（ルアン）仏塔（チェディ）を有する寺院です。

仏塔は、創建時で高さ約八〇m、方形基壇の一辺約六〇mという巨大なものでした。一五四五年の大地震で仏塔の先が壊れてしまいましたが、一九九二年、ユネスコと日本などの援助によって現在の形に復元されました。現在、基壇の四方に取り付けられた階段はすべて上部を覆ってしまっており、

チェーデイ・ルアン寺院の仏塔

階段での上り下りは困難となっています。なお中央の仏塔の内部には巨大な仏座像が安置されています。

■仏教典籍図書館と博物館　Buddhist Monuscript Library and Museum

チェーディ・ルアン寺院境内に図書館兼博物館があります。九〇周年記念事業で設立されたもののようです。

展示は一、二階の二つのフロアで行われています。一階中央には高座に座る高僧の像があり、さらにその写真パネルも背景に飾られています。この僧侶は寺の再建に尽力した人物で、多くの信徒から崇拝されている僧侶であったとのことでした。

仏教典籍図書館と博物館

2階の展示

展示室には木製の供花や仏具が置かれています。また経典などを収納する箱もいくつか置かれています。どれも表面に美しい文様を描いた漆塗りのもので、文様は花鳥文様、来迎図などの仏像を表現したものが多くみられます。木造の仏像は涅槃像や立像が見られますが、座像はあまりありません。ガラスケースに入れられた陶磁器の壺は仏花を供えるための仏花瓶、供物を盛る器として用いられたものなのでしょう。

二階にも高僧の座像が置かれています。僧侶は黄色の衣を着用しています。仏教典籍図書館という名称の通り、このフロアは経典の収納箱の展示で埋め尽くされています。箱は木製で、朱漆や金箔を施したものなどさまざまです。箱の中の経典は公開されていませんでしたが、箱の壊れた部分からのぞくと、折本状態になった経典ではなく、普通に製本された冊子でした。

■パンタオ寺院　Wat Phan Tao

チェンマイの旧市街地の中心部分にある小規模な寺院です。近接するチェーディ・ルアン寺院の僧侶が居住するための施設でした。カウィラ王の一七九六年に大きく修復され、マハトラプラト王（一八四六～一八五四）の時代にチーク材を用いた見事な建物を建設し、住居としました。その片鱗は現在の建物に見ることができます。チーク材のランナー様式で構築された建物の後背部には六角形のやや小さな仏塔やいくつかの建物が見られます。

■プラ・シン寺院　Wat Phra Sing

チェンマイの旧市街地、チェーディ・ルアン寺院の西約四五〇ｍにあります。約七〇〇年の歴史を持つ格式の高い寺院です。一三四五年にプラ・ヨー王が父のカム・フー王を弔うための墓として仏塔（チェデイ）を建てたのが始まりといわれています。

境内には寺の名前ともなっているプラ・シン仏が安置されているウィハーン・ライカム（礼拝堂）があります。白亜の壁、金色に輝く木彫の正面扉、赤茶色の屋根と、ひときわ目立つ豪華な建物です。中に入ると、金色の本尊

パンタオ寺院

プラ・シン寺院

経蔵壁面の合掌仏像彫刻

仏が安置されています。天井には朱色を基調とする彩色、側面にはチェンマイの祭祀儀礼などを描いた極彩色の壁画が残されています。

一四九七年に建築された経蔵があります。二階建てで上部に高楼があります。下方階が経蔵ですが、壁面には合掌仏像が立体彫刻されています。さらに下方の基礎部分にも植物文様などが彫刻されています。ちなみにタイの考古学の父とされるタムロン親王は、この経蔵を「タイ建築の珠玉」と称えています。

プラ・シン寺院に隣接して小型のプラーサート寺院があります。細かな部分にまでランナー様式の装飾が見られる見事な建築物です。

■スアン・ドーク寺院　Wat Suan Dok

チェンマイの旧市街地中心部から西に一キロのところにある寺院です。一三八三年にクーナ王によって、ランナー・タイ王の宮殿の庭に建てられました。一六世紀に建てられた広々とした礼拝堂の内部にはブロンズ製の大仏像が安置されています。境内にはチェンマイ王朝の王族の遺骨を祀る白い仏塔が並んでいます。

■ローク・モーリー寺院　Wat Lok Molee

創建年代は明らかではありませんが、一三六七年の六世ランナー王時代の歴史記録に初めて登場する寺院です。一五二七年、一五四五年に仏塔などが建造されたようです。本堂は伝統的なタイの様式で建てられた新しい建物です。前方両側

スアン・ドーク寺院の白い仏塔群

にシーサー、正面入口両側の柱などには華やかな螺鈿様の花鳥文様が施され、仏教説話も描かれています。堂の側面の茶褐色が美しく映えており、素朴な花鳥文の文様彫刻などが施されています。本堂の後ろにある仏塔は煉瓦を積み上げて造られたもので、中層に四つの仏がんがあり、内部に仏像が収められています。

ローク・モーリー寺院

■パ・パオ寺院　Wat Pa Pao

こじんまりした境内に仏塔や建物が密集して建てられている寺院です。一六世紀の造立といわれる仏塔は低い囲いで囲まれ、方形の基壇の上に三段の重複する壇があり、上方は円錐形のものを塔上部に被せたような形をしています。四方向に小さな出入口があり、また仏塔の外面周囲にはシャン様式の装飾文様が施されています。

■チェン・マン寺院　Wat Chiang Man

ラーンナー・タイ王国を興したメンラーイ王が、一二九六年チェンマイに都を造った際に建てた寺院で、かつては宮殿でした。典型的なタイ北部の建築様式で、太いチーク材の柱が本堂内部に使われています。現在の本堂は一九九三年に修復されています。本堂内には二体の仏像が安置されており、う

パ・パオ寺院の仏塔

チェン・マン寺院の仏塔の象の像

ウモーン寺院

チェット・ヨート寺院

ち一体は一八〇〇年前に造られたという水晶の仏像（プラ・セダンガマニ）で、雨を降らせる霊力が宿っていると信じられています。もう一体はさらに昔のインドかスリランカで造られたとされる大理石の仏像（プラスイラ）です。寺院の裏にある仏塔には基壇に一五頭の象の像が建てられています。

■チェット・ヨート寺院　Wat Chet Yot

市街地中心部から北西に二キロ、チェンマイ国立博物館の南西にある寺院です。この寺院はティロカラート王によって一四五五年に建てられました。釈迦が悟りを開いたと伝えられるインド・ブッダガヤにあるマハボディ寺院がモデルといわれています。

■ウモーン寺院　Wat Umong

チェンマイ市街地から山手に向かって少し車を走らせると、うっそうと茂る樹木に囲まれた森があります。この中にある寺院です。境内正面には横に長い煉瓦造りのドーム状の建物があり、その側面に穿たれたトンネル状の参道奥に本尊が祀られています。そこはまるで洞窟の長いトンネルのようです。この建物の左手には大きな仏塔がそびえています。

■ウモーン寺院博物館　Wat Umongg Museum

ウモーン寺院の付属博物館は、緑色の瓦で葺かれた切妻屋根、二階建ての

ウモーン寺院博物館の展示室

プラ・タート・ドーイ・ステープ寺院

チェンマイの市街地が一望

建物です。建物の外壁に石製の彫刻板が立てかけられています。相当な重量のようですから盗難の心配はないのでしょうが、雨ざらしで置かれているのが心配です。展示室内は、仏像や仏具をただ並べてあるだけという印象ですが、仏像の前に礼拝用のカーペットが敷いてある点は寺院らしいと思えました。

■プラ・タート・ドーイ・ステープ寺院　Wat Pra That Doi Suthep

チェンマイ市街地から西北約一六キロ、標高一〇八〇ｍのステープ山の頂上に建つこの寺院は、一三八三年クーナ王によって建てられた北部タイの最も神聖な寺の一つとされており、参詣者が絶えません。麓から長い階段を上っていくかケーブルカーを利用します。境内の中央に高さ二二ｍの黄金色に輝くチェディ（仏塔）があります。テラスからはチェンマイの市街地が一望できます。

■プラ・タート・ドーイ・ステープ寺院博物館

Wat Pra That Doi Suthep Museum

市街地を見下ろす崖面に建てられているランナー様式の屋根が特徴的な建物が付属の博物館です。寺の行事の関係で観覧はできませんでしたが、内部には仏像などが置かれているとのことでした。正面には狛犬のようにシーサー像が建てられており、わずかに開いていた窓からのぞくと、仏具などが置かれていました。

■クー・タオ寺院　Wat Khu Tao

市街地の北部の住宅街の中にある寺院です。一五九〇年からこの地域を支配したビルマの王ピレーンノーンの墳墓として一六一三年に建設されました。クー・タオとは「ヒョウタンのような丸く長くびれた形」という意味です。そのとおり、珍しい形の仏塔があります。

クー・タオ寺院の珍しい形の仏塔

プラ・タート・ドーイ・ステープ寺院博物館

ラムプーン　Lamphun

チェンマイの南約二六キロのラムプーンは、モン族の王朝であるハリプンチャイ王国の都として繁栄しました。その後クメール族が進出してきたことがありましたが、一二八一年にはタイ族のメンラーイ王がこの地を陥落させ、ハリプンチャイ王国は崩壊しました。しかしこの町はチェンマイの衛星都市としての地位を確保しつつ繁栄しました。

伝説によると、六六一年にチェンマイのドーイステープという土地に居住する行者ワーステープがラムプーンにハリプンチャイ王国を建国し、モン族の王国から王女チャーマーテウィを迎えます。王女は父王の命令に従って五〇〇人の家来と五〇〇人の僧侶を率いてピン川をさかのぼり、六六三年にラムプーンに到着しました。女王は寺院を建立し、上座仏教を国教として統治しました。さらにワン川岸にラムパーンの町を建設したとされています。

ハリプンチャイ王国の建国年代については八～九世紀とする説もあり、遺跡から出土する遺物からは一一世紀以降の時期が想定されています。

なお一六～一八世紀にはランナータイとともにビルマに征服され、服属し、一八世紀末以降はラムパーン領主のカーウィラを祖と仰ぐチェンマイ王家の支配を受け、やがてラーマ五世の時代にタイ王国に属することになりました。

❖プラ・タート・ハリプンチャイ寺院

Wat Phra That Hariphunchai

ラムプーンの街の中央部にあるこの寺院は長い間多くの人々によって信仰されてきました。白い立派な門の両側に茶色に塗られた大きなシーハー像（獅子像）があります。日本の神社などの狛犬と同様、境内域の入口を守る役割があります。ここはかつては二重の城壁で囲まれた王の宮殿として利用されていましたが、寺院にする際に外側の城壁を取り崩し、東門にシーハーを置いたとされています。

右手には朱に塗られた木造の小さな鐘楼があり、半月形の大きなブロンズ製の銅鑼（磬と呼ばれる仏具）がつりさげられています。解説によると四トン余りあるとのことです。釣鐘を鳴らす撞木も見られます。左手には鐘楼より大きな経蔵の建物があります。

境内には大小さまざまな建物があり、最も目立つ黄金色に輝いていますが、最も目立つのは一一〇八年、メンラーイ王が建立した高さ四六ｍの黄金のチェディ（仏塔）です。北部タイで最初に仏陀の髪を納めたとされる塔で、このためハリプンチャイ王朝の王の戴冠式の前には必ずこの仏塔を参拝しなければならないとされていました。

プラ・タート・ハリプンチャイ寺院

プラ・タート・ハリプンチャイ寺院の仏塔

❖プラタート・ハリプンチャイ寺院附属アユタヤ銀行五〇周年記念博物館
50th Anniversary Bank of Ayudaya PCL, Museum

この寺院境内の仏塔の奥に、切妻屋根で金色に輝く派手な建物があります。タイのアユタヤ銀行が五〇周年記念事業としてこの寺に寄贈した博物館です。

展示品を見てみましょう。頭頂部がとがった特徴を持つ仏像、喜捨用の鉢が置かれた仏像、金箔が貼られた仏像などかなりの量が展示されています。

数々の展示品

ほかには、仏具や合子状の容器、高杯などのお供え物を盛る容器などもぎゅうぎゅうに詰め込まれています。建築材料として用いられた瓦、日用食器として使用された土器の小皿などの破片もたくさん集められています。境内の工事の際に出土したと思われる遺物も並べられていますどれも解説文などは見られません。

外見は豪華ですが、この建物は様々な寺宝保管のための施設なのでしょう。

プラ・タート・ハリプンチャイ寺院博物館

❖ハリプンチャイ国立博物館
Hariphunchai National Museum

この博物館は一九二七年、当時の省長であったプラヤー・ラーチャナクンウイブーンパッカディによって設立されました。その後タイ芸術局の所管となり、一九七四年に現在の建物が建設されました。

南北に延びる道路を挟んで東側にはプラタート・ハリプンチャイ寺院があります。博物館は白い壁面が目立つ二階建ての近代的な建物です。主な展示室は二階で、一階では床下部分を利用して一二～一六世紀頃の文字を刻んだ石碑の展示が行われています。屋外でも石造品がオープン展示されていますが、残念ながら説明板はありません。

二階展示室から見ていきましょう。ここにはハリプンチャイ王国の時代とランナー文化の美術作品が展示されています。一一世紀中頃～一二世紀中頃の作品には東インド地域の影響が強く、相当な迫力を感じます。一二世紀中頃～一三世紀末頃の作品は後期タワーラーディの影響と見られる、つながった太い眉、下方を向いた眼、わずかに開いた口などの特徴があります。このほか蔵骨器や水差しなど独特な形の陶器、首飾りなどの玉飾り、テラコッタの仏像、大小さまざまなブロンズ仏像や塑像、石仏などが集められています。

ランナー様式の一四～一五世紀のブロンズ製大仏像の頭部顔面の展示品

ブロンズ製大仏像の頭部顔面

ハリプンチャイ国立博物館

は相当な迫力ですが、この仏像の全体は残念ながら戦乱によって溶解してしまったようです。残っていたら立派で素晴らしいものだったでしょう。

三個の小型の銅製の釣鐘が床面に直接置かれています。仏教祭祀儀礼の中で必要不可欠な仏具である磬はランナー様式のもので、一六世紀のクーハン寺院のものとされています。銀製品やランナー様式の金工品など一六～二〇世紀の作品が展示されています。

このほかにも、ランナー芸術の作品、北部タイ地域の民族衣装、社会生活や生業に関係する資料が多く集められており、北部タイ地域の文化の高さが証明されているようです。

郷土（民俗）博物館

❖郷土（民俗）博物館　Hariphunchai Folk Museum

国立博物館の裏口を出ると、郷土博物館の正面入口があります。二つの博物館の間の道路は幅五ｍほどあり、車が頻繁に通っています。

正面の二階建ての洋館風木造建物の右手に倉庫風の細長い建物があります。その前には赤い塗装が消えかかった消防車と祭礼用の山車が置かれています。その奥には映画の上映を行っていた集会所の建物があります。二階にはベランダがあり、部屋の上部には欄間彫刻が見られます。広い廊下などにも独特の装飾が見られ興味をそそります。

展示品はこの地域で使用されていた民俗道具が大半です。石製の碾き臼や木製の容器、木炭のアイロン、

消防車と祭礼用の山車

魚の捕獲用の仕掛けの模型

ランプ、タイプライターなど時代を感じさせる民具があり、さらにブラウン管テレビ、テープレコーダー、自転車など日本でも少し以前ならどこにでもあったような日常の電化製品などがあります。また化粧品のプラスチック瓶とか大量のマッチのラベルあるいは商品宣伝のポスターや女性俳優の写真、レコードなどもまとまった量が見られます。

　二階の壁面には漁網や魚の捕獲用の仕掛けなどの小さな模型、建築の細密画、地域の祭礼行事や年中行事や日常生活を描いた風俗画の額、王族の生活などの写真を貼った衝立状のパネルなどが展示されています。ただ、全体的には特に一貫したテーマ性はないようです。

ラムパーン　Lampang

ラムパーンはモン族のハリプンチャイ王国の中心都市として繁栄していましたが、一一世紀にはカンボジアのクメール寺院によって侵略され、その後一二九七年、ランナータイ王国のメンラーイ王にとって代わられています。やがて、ビルマの支配下に置かれたのち、一七七四年にカーウィ王によって奪還され、再びタイの一部となりました。

❖ プラケオ・ドーンタオ寺院　Wat Phra Kaew Don Tao

ラムパーン駅から東北約二km、蛇行するワン川の左（西）岸部分にある寺院です。周囲に塀はなく、正面に低い六段の階段があります。欄干上には白い狛犬のような彫刻が見られます。

ランナー様式の堂と金箔で覆われた高さ五〇mの大きな仏塔（チェディ）が建てられています。さらにその前方には木造の重層屋根を持つ本堂があります。左手には大きく育った菩提樹の木が人々に涼しい木陰を提供しています。

プラケオ・ドーンタオ寺院

❖プラケオ・ドーンタオ寺院博物館
Wat Phra Kaew Don Tao Museum

プラケオ・ドーンタオ寺院の境内奥に平屋建ての伽藍建物がいくつか見られます。その一つが寺院付属博物館です。入口の看板には「ランナー博物館」とあります。入口は金属の鎧戸で閉じられています。同行のガイドが僧侶と交渉した結果、鍵を持った管理人らしい僧が現われ、内部に入ることができました。

展示室の壁面にはガラス戸付きの木製家具が四つ、中央部分には方形の展示台が三個置かれています。展示台の上には朱塗りの座椅子が展示されています。これは祭礼などの際に高僧たちが用いたもののようです。背もたれの部分には美しい朱漆で描かれた仏像や花鳥文様などが見られ、これだけでも十分に鑑賞の価値がありそうです。

展示室

ガラスケースの一つに、ブロンズ製、石造の小型の仏像が四段の棚上にびっしりと詰め込まれています。また、皿、鉢、碗などの陶磁器が乱雑に詰め込まれたケースもあれば、お供え物を盛る漆器や経典類がたくさん、それも乱雑に置かれています。展示というよりは保管を目的とした収蔵といってもよいようです。

また展示室の四分の一を経典収納ケースの家具が占めています。この家具には火焔、仏像、花鳥などの文様が彫刻されています。

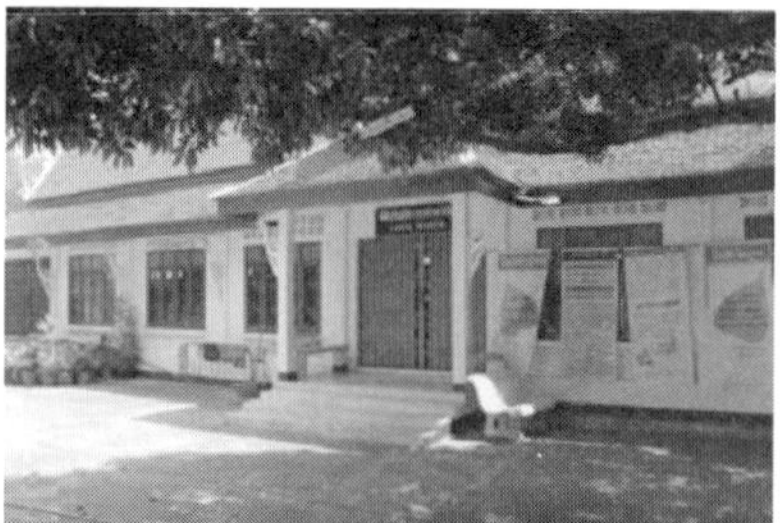
プラケオ・ドーンタオ寺院博物館

伝統的なランナー様式によって建てられた堂舎の小型模型も多くみられます。内部構造、装飾など細部に至るまで精巧に再現されており、ランナー文化の建築様式、構造などを知るためには興味深い展示物でしょう。

❖プラケオ・ドーンタオ寺院仏塔跡

プラケオ・ドーンタオ寺院の一角に赤茶色の煉瓦積みの仏塔の痕跡があります。現在は境内の外側になっていますが、かつては伽藍の一部であったと考えられます。

ドーンタオ寺院仏塔跡

❖プラ・タート・ラムパーン・ルアン寺院 Wat Phra That Lampang Luang

ラムパーンの市街地の南西一八キロにある、北部タイで最も美しいといわれる寺院です。門を入ってすぐの大きな建物は塔を礼拝するように作られており、側面には壁がない開放的な建物です。ただし天井や内部の各柱には黒い漆に黄金の装飾、朱漆に黄金というきらびやかな装飾が施されており、周囲の天井近くには極彩色の絵画が描かれた板絵があります。図柄は不鮮明なものもありますが、仏教説話に関する題材が描かれているようです。

また外側の廊下に高僧が信者たちに説法するための木製の壇が置かれています。お堂の付近では多くの参詣者が熱心に祈っていました。

プラ・タート・ラムパーン・ルアン寺院

❖プラ・タート・ランパーン・ルアン寺院博物館
Wat Phra That Lampang Luang Museum

プラ・タート・ランパーン・ルアン寺院内にある小さな建物が博物館になっています。寺院付属博物館はどこも同じようですが、専門の学芸員も常駐していないので展示室が雑然としているのは仕方ないかもしれません。

この博物館の中央には厳重な鉄格子に囲まれた仏像が安置された仏壇があります。緑色のサファイヤのいわゆる水晶仏座像です。水晶仏にはスポットライトがあてられていましたが、鉄格子の前からはかなり距離があり、細かいところを見るには双眼鏡が必要でしょう。この格子の前方に水晶仏に代わる小型の前仏が置かれていました。

寺院の内部

このほかにも小型のブロンズ仏像がガラスケースにたくさん入れられていました。座像、立像、涅槃像とさまざまですが、小型のものは二〇cm程度、大きなものは一m前後の木造仏やブロンズ仏、いずれも頭頂部に特徴が見られる北部タイ独特の形状をしています。また型押しで造られた土製テラコッタの板状の仏像や、一〇cm未満の鋳造仏なども見られます。

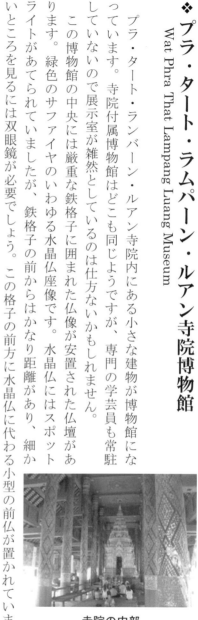

仏像のほかには長頸壺の土器が多数あります。焼成温度の低いいわゆる土器に分類されるもので、形に大きな特徴があります。おそらく山岳民族などが作り使ったものと考えられます。また素焼きの陶器壺や染付の施された陶磁器の鉢や皿なども見られます。

また信者たちの喜捨によるものでしょうか、紙幣やコインなどもガラスケースの棚に整然と並べられていました。この他、仏具やナイフ類、板に金泥で文字が描かれた経典、冊子として綴じられた経典なども収められていました。経典を入れる木製の家具もありましたが、外面装飾の美しい文様などは剥落していました。北部タイの山岳民族が使ったとみられる刀、槍、楯などの武器や武具、腕輪などの装飾品が集められています。また供え物を盛る容器として使用されたのでしょうか、朱漆や黒漆を施し美しい装飾文様のある盤や高杯、器台などが見られます。ごく少量ですが、ガラスケースの端に織物などの布片が置かれていました。

❖プラ・チェデイ・サーオ・ラン寺院
Wat Phra Chedi Sao Lang

この寺院は市街地の北約六㎞にあります。境内の右手にある二〇基のチェデイ（仏塔）の鮮やかな白は壮観です。今から一〇〇〇年以上も前のランナー様式のもので、寺の名前のサーオとは二〇のこと、つまり二〇の仏塔の寺という意味です。本堂は北部タイ独特のランナー様式の建物で、入口前方の階段にはナーガの欄干が飾られています。一九八五年に近隣の村の寺院跡から一五世紀の黄金仏が発掘されました。高さ三七㎝、重さ一・五㎏の小型の仏像です。

❖プラ・チェデイ・サーオ・ラン寺院付属博物館
Wat Phra Chedi Sao Lang Museum

プラ・チェデイ・サーオ・ラン寺院の本堂の後ろに二階建ての博物館があります。

プラ・チェデイ・サーオ・ラン寺院

プラ・チェデイ・サーオ・ラン寺院付属博物館

まず二階フロアから入ってみましょう。正面には霊鳥を表現した木製彫刻が飾られています。この像の前面には小型の象の置物が置かれています。まるで仏像に対する香炉のようです。ガラス戸の展示ケースの中には彩色土器、石器の斧、土器片、金属片などが並べられています。どれも先史時代の遺物のようです。この地域の出土品を集めたものと見られますが、説明板はありません。その後ろには僧侶の座像と立像があり、立像の表面には金箔がところどころに貼られ、その前方には絨毯が敷かれ、礼拝できるようになっています。奥の壁面のケースには、兵士の帽子、刀、鎧などの武器が置かれています。建物の壁面や欄間を飾っていた木製彫刻装飾品は植物や動物をデフォルメした精巧なものです。小さな動物を形どった土製フィギャーも多く集められています。

近代から現代に流通していたコインや紙幣も額に入れて展示されています。またなぜか鉄砲やピストルも並べられています。また、型押しによって造られた仏像（塼仏）も大小さまざまなものが展示されています。

一階でも展示が行われていますが、展示品の配置が乱雑のようです。ここには多くの信者たちの礼拝する姿がありました。

博物館の看板のそばで孔雀が飼育されており、大型のゲージが設置されています。

❖ラムパーン博物館　Lampang Museum

博物館の前には土器の形をした噴水があります。壺の口から水が噴き出しています。訪れたのは土曜日で、休館日でしたが、幸いにも留守番の職員がいました。何とか見学したいと頼み込み、照明はつけられないがそれでよければと、見学が許されました。

一階では現代（コンテポラリー）絵画の展示、二階ではラムパーンの歴史に関する展示が行われていました。二階ではカメラの明かりで何とか見学することができました。道ばたで子供たちが農産物を売る風景や駅前の様子などがジオラマで示されています。また、銃器や刀剣などの武器がケース展示されていましたが、いつごろのものかは英文表記がなくわかりませんでした。

また、日本の牡丹灯籠のような形の灯籠が階段の踊り場などあちこちに置かれていました。動物などの影絵装飾が施されています。祭礼行事に使うそうです。

灯　籠

ラムパーン博物館

ピッサヌローク　Phitsanulok

タイ北部の町ピッサヌロークはスコタイ時代の首都として栄えました。「タイで最も美しい仏像」と云われる本尊のあるプラ・シー・ラタナーマハータート寺院もこの町にあります。

❖ターウィー民俗博物館　Thawee Folklore Museum

ピッサヌロークの鉄道駅から南に約二㎞ほど行くとこの博物館があります。シーナカリン大学のターウィー博士がタイ各地を数十年にわたってめぐって集めてきた生活に関する資料のコレクションをもとに建てられた私立博物館です。入口を入ると、ミュージアムショップがある長い建物、ロイヤルギャラリーという王族関連の展示室の建物、そして方形の二階建て建物と平屋建物があります。この博物館はこれらの建物で構成されています。

まず農業・漁業などの生業に関係する道具が展示されています。例えば水田に水を引く導水路の模型や運搬用の牛車、漁撈に用いられた竹で編んだワナなどがあります。展示室にはかつての暮らしを彷彿とさせる家屋のジオラマがあります。屋根はカヤで葺いた簡単なもの、側壁や床は竹を編んだすのこ状で、熱帯の

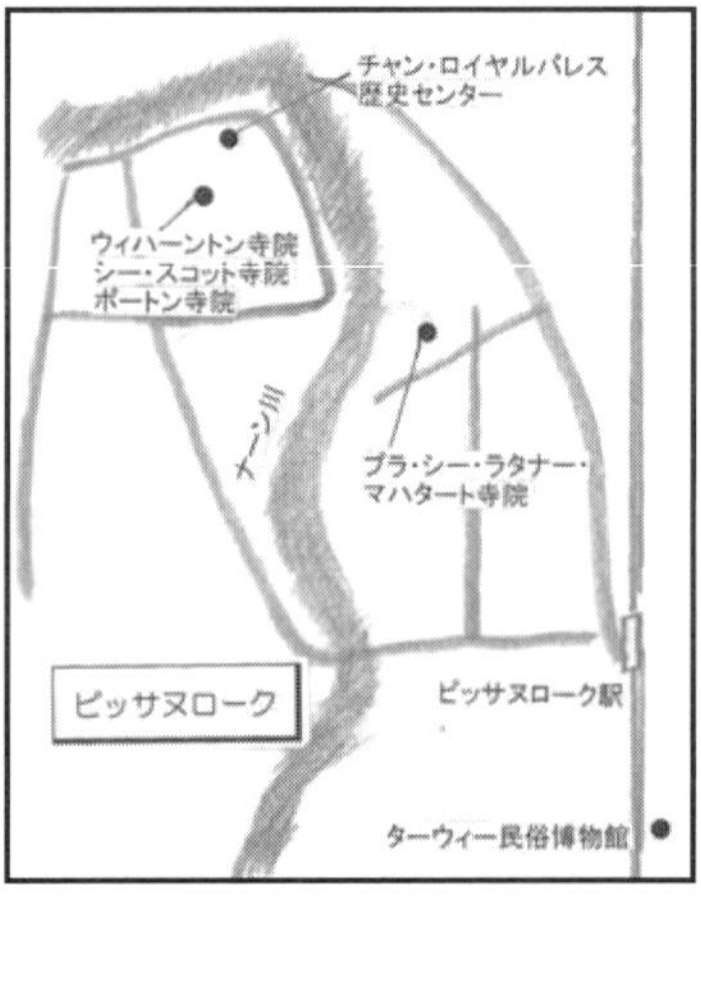

ターウィー民俗博物館

ラッパ型スピーカー

家屋のジオラマ

気候に適した涼しい工夫がされています。床は高床で、陶器製の甕が置かれ、赤ん坊を入れるゆりかごがつられています。炊飯用具も、小型のコンロから本格的なかまど状のものまで並べられています。竹や籐を編み込んで作られた製品は大小の籠やバッグなどバリエーションがあり、ガラスケースに収められています。織物や布製品、雪駄やサンダルなども展示されています。

奥にある二階建ての建物の展示室には、大工道具やタイプライター、ブラウン管テレビ、足踏みミシン、蓄音機、真空管ラジオ、トランジスターラジオ、アイロン、扇風機などの一昔前の電気製品が置かれています。蓄音機では大きなラッパ型のスピーカーが特徴の初期のものも数台展示されています。また、産地の表示はありませんでしたが、黒い釉薬が施された壺など家庭で貯蔵容器として使用されていた陶器が集められています。

ここでは壁面の多くを用いて写真を展示しています。地元ピッサヌロークの仏教寺院を紹介した写真や、一九五七年一月の大火災の写真なども掲示されています。この火災は九五〇軒六六五〇人が罹災し、町全体に壊滅的な被害が及んだとのことです。

タイの地方にある民家の模型、子供の玩具、カラフルな金属製の食器など、ともかく集められるものは手あたり次第に集めてきたという印象が強い展示品ばかりでしたが、せっかくのコレクションですから、整理、分類などをはじめ詳しく研究されることを望みたいと思います。

❖チャン・ロイヤルパレス歴史センター

Chan Royal Palace Historical Center

民俗博物館でこの施設のことを知ったので訪問してみました。かつてこの地域を統治していたナレスアン王の宮殿があったとされている所に建設された近代的な平屋建物です。この地域の歴史文化に関する展示があるとのことでしたが、閉館時刻を過ぎており見学できませんでした。

❖ウィハーントン寺院

Wat Wihanthong

初期アユタヤ様式の仏塔がある寺院跡です。歴史センター建物の左に近接しています。本堂の奥壁には白い仏立像が見られ、さらに左手に仏塔があります。一四～一五世紀ころの建立とされています。

❖シー・スコット寺院

Wat Sri Sukhot

広大な敷地の中には、煉瓦造りの基礎を持つ三つの寺院跡があります。シー・スコット寺院はその一つで、一四～一五世紀の建立とされています。歴史センターの建物の奥にあります。基礎のみが残る寺院で、主要な仏塔は

チャン・ロイヤルパレス歴史センター

ウィハーントン寺院

小さく四隅にあり、仏塔前には座像仏と三体の象の像が置かれています。なおこの寺院はチャン・パレスが設立される以前には建てられていたと考えられています。

❖ポートン寺院　Wat Phu Thong

シー・スコット寺院の南六五ｍにあります。一四～一五世紀の建立とされていますが、建物の基礎のみが残っています。各堂は東向きに造られ、四隅に仏舎利塔を設置しています。

シー・スコット寺院

ポートン寺院

❖プラ・シー・ラタナー・マハタート寺院（ワット・ヤイ）

Wat Phra Sri Ratana Mahathat (Wat Yai)

ピッサヌローク市街地の北西、ナーン川の東岸に位置するアユタヤ時代後期の一三五七年に建立された寺院です。本堂内部の螺鈿模様の装飾は見事なもので、その豪華さに目を奪われてしまいます。本尊は黄金色に輝く高さ三・五ｍの座像で、チンナラート仏とも呼ばれています。「タイで最も美しい仏像」とも云われています。本堂の後ろには高さ三六ｍのクメール様式の仏塔があります。まるでトウモロコシのような形です。

金色に輝くチンナラート仏

トウモロコシのような形の仏塔

スコタイ　Sukhothai

バンコクから北へ約四四〇㎞の古都スコタイは、「幸福の夜明け」を意味しているそうです。一二三八年にタイ族による最初の王朝がこの地に開かれました。強力な軍事力と「スコータイは美しい国ぞ、水に魚棲み、田に稲穂実る」と当時の碑文が謳ったような豊穣な大地を誇り、第三代王ラームカムヘーンの時代には絶大な勢力だったようです。近隣諸国はもちろん中国などとも積極的に関係を結び、また仏教の普及にも尽力して多くの寺院を建造、そこからタイの文化芸術の古典様式が花開き、タイの文字や文学が生み出されるなど。現在のタイ文化の基礎を築きあげました。

当時の栄華を偲ばせる荘厳で美しい遺跡群は、東南アジアで最も価値のある史跡のひとつとして一九八一年にユネスコの世界遺産に登録されました。

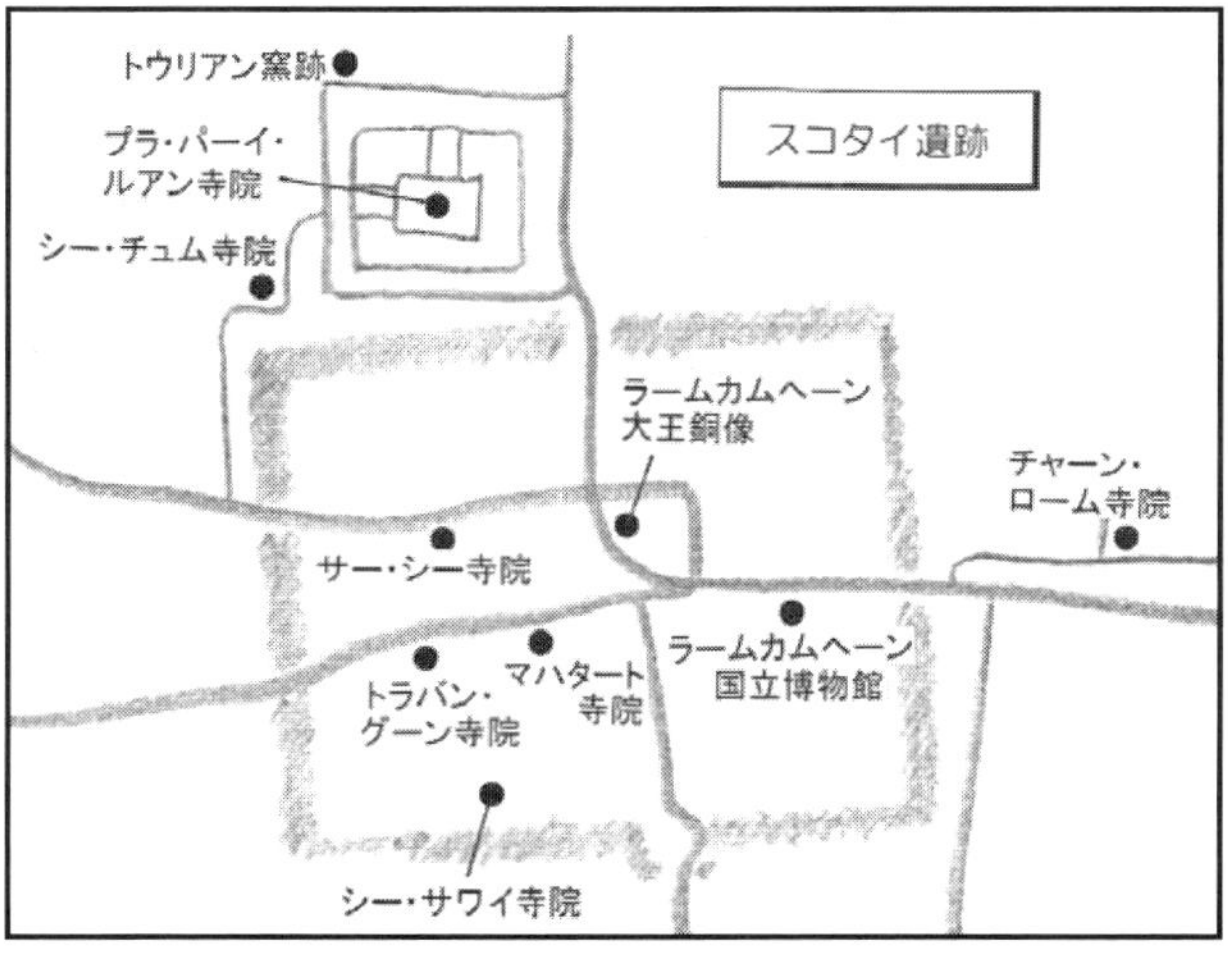

❖ラームカムヘーン国立博物館
King Ram Khamhaeng National Museum

スコタイの城壁に囲まれた地域に一九六四年に設立された国立博物館です。入口を入ってすぐの建物はスコタイ地域のガイダンス施設のようです。スコタイ地域の遺跡分布が俯瞰できる三m四方の大きなジオラマ模型は圧巻です。「スコタイの過去」と題されたコーナーには、電飾のカラー写真パネルが多数掲示されており、遺跡や寺院の様子がわかるようになっています。続く壁面には伝統と祭礼、市民生活などがパネルで示されています。

展示室のある建物までの間には芝生や植栽が美しい庭があり、一四世紀前後の石碑や小型の仏塔などが展示されています。

金箔を貼った遊行仏

展示室の正面にはスコタイ時代、一四世紀頃のブロンズに金箔を貼った遊行仏が安置されています。この仏像は仏陀の歩く姿を表現したものとされ、体を少しくねらせているように見え、スコタイ独特の様式のものです。さらにこのフロアでは、文字の刻まれた石碑や石造三尊仏、銅鼓など青銅製品、石造装飾品、陶器や土器など、この地域の遺跡から出土した様々な時代の多様な遺物が展示されています。スコタイ様式のみならず、クメール様式の影響も見られるようです。

ラームカムヘーン国立博物館

仏教関係の彫刻が多いなか、ヒンズー教の象徴的な遺物であるリンガやヨネと呼ばれる石造品など異色なものもあります。仏像の姿を粘土に押し付けて刻印して焼成した素焼きの磚仏は相当量集めら

スコタイの焼き物展示

中庭には窯の復元模型

れています。

　二階展示室はスコタイの焼き物が中心です。青磁、白磁、土器があり、器種も壺、皿、鉢、蓋つき鉢、蓋付き壺などの日用品から仏具や装飾品、仏像や動物のフィギュア、瓦、土管、棟飾りなどの建築材までさまざまなものがあり、デザインや文様もなかなか魅力的です。とりわけスワンカロークと呼ばれる独特の焼き物は注目されるものです。中国から輸入された白地に藍色の文様を描いた青花の茶碗はその文様に特徴があり、興味深いものです。また、焼き物の生産の場所を推定して復元したジオラマ模型も置かれています。粘土をこねる、成型、窯で焼く、といった工程が細かく表現されています。このほかスワンカロークの陶磁器をこれでもかといわんばかりに詰め込んだ展示？もあり、陶磁器ファンには見逃せないでしょう。

　タイ北部の民俗資料、武器として使用された槍や刀、銃器など中世から近現代までのものも展示されています。

　中庭には窯の復元模型がありますが、案内表示は全くありませんでした。せっかくの展示なのに少々もったいないという気がします。この他、キャビン付きの川船の実物、送水用の中世期の土管、荷車として使われた牛車なども小屋のような粗末な建物の中に無造作に置かれています。また、修理・補修の部屋があり、修復中の石造物や石造彫刻の破片などをガラス越しに覗くこともできます。

❖スワンカローク国立博物館

Sangkhalok National Museum

屋根は赤、壁面は黒、柱は白と、カラフルな塗装の二階建ての建物がこの博物館です。博物館への道の両側は低めの植栽が美しく刈りこまれています。

日本に喫茶が伝えられ、当時の上層階層にもてはやされたのが安土桃山時代でした。この頃、茶人の間で珍重された道具に宋胡録と呼ばれたタイ産の陶磁器がありました。その産地が北部タイのこの地域で、現在もその伝統は引き継がれているようです。この博物館ではスワンカロークの歴史を多くの写真と実物資料によって解説しています。

スワンカローク国立博物館

展示室中央には高さ三〇～五〇cmの壺が二個、狛犬のような形や人物を表現した陶器、窯の中で高温のため変形し溶着した陶器などが木製の展示台の上に露出状態で展示されています。この展示台の左右のガラスケースには陶器や磁器がぎっしりと詰め込まれた状態で展示されています。青緑色に発色した磁器の皿、鉢、壺、やや低温で焼かれたとみられる赤っぽい土器の壺、狛犬、仏像、人形、土器つくりの道具、瓦や土管などの建築材など実にさまざまなものがあります。瓦をみても、板状の平瓦から花柄をデザインした瓦まで多様です。スワンカローク焼と呼ばれる焼き物として日本でよく知られている、合子型の小型の蓋表面に独特の文様が施されている製品は右手のガラスケースに置かれていました。

露出展示の陶器類

展示室奥の階段の両側には、大型の壺や砲弾型の製品、屋根の両端に用いられたとみられる鳳凰を表現した陶器などが置かれています。動物

スワンカローク焼

小型の仏像群

や人間を表現したフィギュアには牛、豚、犬などの小動物や、子を抱く女性や合掌してひたすら祈るポーズの人物、太鼓のような楽器を持つ人物など表情も様々なものが見られます。このフィギュアは製品ではなく、陶工たちの手慰みのようなものだと考えられます。

階段の踊り場壁面に安置されている仏立像を見て、二階に上がります。二階展示室には仏像が多数集められています。ガラスケース内に石造の仏像の頭部が五体並べられ、その前には仏像の顔面の破片が置かれています。解説がないのでよくわかりませんが、どれも温和な表情をしています。完全な残存状態の仏像もたくさん展示されていますが、ほとんどが半跏座で、両手の動きも同じですが、顔の表情は少しずつ異なっています。なかに、少しですが、合掌するポーズをとる小型の仏像がありました。

奥に進むと、銅製の仏像の頭部のみの展示があります。全体が残されていればかなり大きな仏像のようです。このほか、身をくねらせた独特の姿の遊行仏と呼ばれる銅製仏が一体展示されていました。ちなみにここに展示されている仏像は一五～一六世紀のものが多いようです。

金、銀、銅などの金属製、石製、焼き物で造られた板状の仏像（磚仏）も小さなものから二〇㎝前後のものまで多種多様なものが集められています。また経典の収納函は、表面に漆を塗布し金箔を施した豪華なものが展示されています。

❖ 世界遺産

スコタイ歴史公園　Sukhotai Historical Park

スコタイ市街地の西約に一二kmに、タイ政府芸術局とユネスコによって修復された広大な遺跡公園があります。面積七〇平方キロという広大な地域に、城壁内の三六か所の遺跡・寺院をはじめ、城壁外には九〇か所、小さな遺跡を含めると三〇〇か所を超えるとされています。

スコタイ王朝はこの地域を中心に発展していきました。城壁内のマハタート寺院、シー・サワイ寺院、サー・シー寺院、城壁外のシー・チュム寺院、プラ・パーイ・ルアン寺院などがよく知られています。

■マハタート寺院　Wat Mahathat

城壁内のほぼ中央にあるこの寺院はスコタイで最も重要な王室寺院です。寺域内の建物は修復や改築が繰り返されたためとても複雑な構成となっています。西、南、北に濠があり、約二〇〇m四方の境内には一〇棟の礼拝堂、八棟のモンドップと呼ばれる堂、二〇九基の塔と四つの池があります。いずれも正面は東向きに建てられています。

ラームカムヘーン大王がスコタイの歴史を刻んだ碑文には「スコタイの中心部に礼拝堂あり、黄金色の仏像あり、立仏像あり、巨大な仏像あり、美しい仏像ある、……」とあります。この黄金仏像はかつてこの寺院の本堂に祀られていたと考えられています。この仏像は、一八世紀後半チュラコン大王によってバンコクのスタットテープワラーム寺院の本堂に船で運ばれたとされています。

マハタート寺院

この寺院でとくに重要なのはスコタイ時代の本格的建築様式で建設された大仏塔です。仏塔はスコタイ様式の特徴である蓮の蕾形をしており、周囲を八つの塔で取り囲んでいます。

■チャーン・ローム寺院　Wat Chang Lom

遺跡公園の入口から東へ約一km、スコタイ遺跡公園のほぼ中央に位置しています。幅一〇〇mの正方形の基壇の上に構築されたスリランカ様式の仏塔で、塔の四方に合計三九頭の象の彫像が配置されています。とくに四隅の象は高さが二四〇cmあり、装飾も丁寧に行われています。煉瓦造りの仏塔の下方に穿たれた方形の窓から顔を突き出すように見える象の姿はユーモラスです。

この寺院は一九六八～六九年に発掘調査が行われました。ラームカムヘーン王碑文によると一三八四年、大王はここに埋められていた仏舎利を掘り出し、盛大な儀式を行ったうえで、それを奉納する仏塔を建立したと伝えられています。塔の周りを廻るタクシン基壇の上に円錐形の塔が建てられています。この基壇の周囲には半身の象が飾られており、さらに基壇上には漆喰の仏像を祀る仏がんが二〇カ所見られます。また台座の上に釣鐘がありま す。スリランカから多くの仏教文化が伝えられ、一四世紀頃は宗教交流が盛んであったことを示しています。

■シー・サワイ寺院　Wat Si Sawai

マハタート寺院の南、城壁に近い場所にあります。基壇が細く低

チャーン・ローム寺院

シー・サワイ寺院

い形状で奥に建てられた三基のプラーン（仏塔）が特徴です。仏塔前には二つの建物が見られます。これらの仏塔からは様々な遺物が発見されています。また境内からシバ神が見つかっており、かつてヒンズー教寺院であった可能性もあります。

■シー・チュム寺院　Wat Si Chum

城壁の外側、北西角にあります。シーは地元の古い言葉で菩提樹を表し、シー・チュムで菩提樹の森を表現しています。しかしアユタヤ時代にはこの元の意味が分からず、『アユタヤ年代記』にはナレースワン王がスワンカローク征伐の際に兵を集めて集会を行った場所「ルーシー・チョム」と呼ばれています。この集会でナレースワン王は兵士の一人を仏像の後ろの階段にのぼらせ、まるで仏像が話すかのように兵士たちに励ましの言葉をかけさせたと伝えられています。このことが今でも語り伝えられ、話すことができる仏像伝説の始まりと伝えられています。

ここで目を引くのは直立する建物の壁の内側いっぱいに幅一一・三mの大きな座像仏が安置されていることです。この仏像は碑文によると不動の者を示すアチャナ仏と刻まれています。ちなみに現在の仏像は一九五三〜一九五六年に修復されたものです。

■サー・シー寺院　Wat Sa Si

マハタート寺院の北西のトラバントラクワンという池の中に建ってい

シー・チュム寺院

サー・シー寺院

ます。釣鐘形の大仏塔、本堂、布薩堂があります。この大きな池は、陰暦の一二月に行われる伝統儀式の灯籠流しの中心会場となります。

■プラ・パーイ・ルアン寺院　Wat Phra Phai Luang

サンルアンゲート（北門）の北五〇〇mにあります。マハタート寺院に次ぐ重要な寺院とされています。かつてはクメールによるヒンズー教の寺院でしたが、後に仏教に変更されました。濠で囲まれた中には三基の塔堂がありましたが、南と中央のものは崩落してしまい、現在は飾り漆喰（スタッコ）で装飾された北の塔堂のみとなっています。塔堂の前方には御堂（ウイハーン）と崩落したチェディ（仏塔）があり、台座には漆喰の座仏像の装飾が見られます。モンドップ（正方形の屋根のない本堂）には四体の異なる仏像、すなわち座仏、涅槃仏、立仏、遊行仏（歩行仏）があります。

■マエ・チョン寺院　Wat Mae Ghon

歴史公園内にある寺院ですが、基礎部分しか残されていない建物とその中央に台座上に安置されている仏像がどことなく寂しそうに見えます。

■トラバン・グーン寺院　Wat Traphang Ngoen

マハタート寺院西側にあります。トラバンは池を意味するクメール語で、敷地は池に囲まれ、境内には蓮の蕾の形をした大仏塔と、その前方に

プラ・パーイ・ルアン寺院

マエ・チョン寺院

建てられた本堂があります。仏塔には立像と遊行仏を安置する台座が四方に設けられており、他の蓮蕾形仏塔と異なっています。仏塔の東には僧侶たちが仏事を行う布薩堂がある小さな島があります。これは池の水が聖なる意味の仕切り（結界）であるという考え方に基づいています。

トラバン・グーン寺院

■ラームカムヘーン大王銅像

King Ramkhamhaeng The Great Monument

歴史公園のほぼ中央部に設置されているスコタイの最盛期を築いた大王の記念碑です。タイ文字の創案など様々な偉業を残した大王を顕彰するために一九六九年に建てられました。右手に経典を持ち、左手でその教えを説いており、玉座には王の生涯を描いた彫刻が刻まれています。この像は等身大の約二倍の大きさで造られ、重量は約三トンあります。

ラームカムヘーン大王銅像

■トウリアン窯跡　Thurian Pottery Kiln

歴史公園の北部域にあるプラ・パーイ・ルアン寺院の北側に位置しています。ここはスコタイ時代の陶磁器が作られたトウリアン窯の跡です。一〇〇ｍ×七〇〇ｍの範囲に四九基の窯跡と関連の小型建物が見られる生産遺跡です。

【世界遺産】シー・サッチャナライ　Sri Satchanalai

スコタイ市街から北へ五五㎞、丘に囲まれた美しい土地、シー・サッチャナライ。スコタイ王朝時代に副王が統治する第二の都市として栄えました。ヨム川が大きく迂回するチャリアンとシー・サッチャナライ周辺には、当時の様子を伝える遺跡が二〇〇件以上点在しています。

❖シー・サッチャナライ・インフォメーションセンター
Sri Satchanalai Information Center

世界遺産に登録されている遺跡群を史跡公園として整備したものです。周辺道路の整備や遺跡自体の整備復元も一部で行われており、気持ちよく回ることができる見やすい史跡公園です。インフォメーションセンターの建物は煉瓦造りの平屋の建物で、公園の雰囲気を壊さないように配慮されています。

遺跡公園内とその周辺の遺跡、寺院、博物館などの紹介が行われています。写真パネルが中心で、くどくならない程度に解説が付けられています。実物資料の展示は、小型の鐘、埋葬された人骨、あるいはスワンカローク焼きの壺や皿といった陶器などの容器、瓦や建築材の土器などがありますが、ここでの展示品は必ずしも多くはありません。歴史公園内外の遺跡分布地図のほか、各遺跡の解説がコンパクトな映像

装置でも見ることができます。日本語で示されているものもあります。
二〇一六年春の訪問時は、この遺跡公園への車の乗り入れが制限され、レンタル自転車か専用トラムに乗るという方法で見学しなければなりませんでした。

■プラ・シー・ラタナー・マハタート寺院　Wat Phra Sri Rattana Mahathat

城壁の南東約二kmのチャリエン地区にあるこの寺院は、クメール文化がタイ国内で大きな影響力を持っていた一三世紀頃に、かつてのチャリエンの街、現在のシー・サッチャナライの街の中心にあったと考えられています。ラテライトに彫刻されたアーチはバイヨンを思い起こすものとして注目されます。アプサラダンスや顔の表情は漆喰で表現されています。

本堂などに祀られている仏像や寺域内の素晴らしい装飾品から、後のスコタイ時代でも重要な宗教施設として使用されていたと考えられています。なお大仏塔（プラーン）はアユタヤ文化初期の様式で、ポーロマ・トライローカナート王が北方の国に勢力を拡張し、スコタイ王朝をアユタヤ王国に統合した後の一六世紀に建造されました。一七七〇年トンプリ時代、タクシン王はファーンの反乱を制圧した後に、勝利を祝うためこの寺院を三日間訪れました。この寺院は、王室の第一級寺院として位置づけられ、現在も僧侶が常駐しています。

プラ・シー・ラタナー・マハタート寺院

■チャン・ローム寺院　Wat Chang Lom

城壁内の中心部にある重要寺院です。スコタイ王朝のラームカムヘーン大王の命令によって一三世紀に建設されました。巨大なスリランカ様式の釣鐘形のチェデイ（仏塔）が三九頭の象によって支えられています。チェデイの基礎の上部に降魔印を結んだ仏像が壁面に造られた仏がんに収められています。なお同形、同名の寺院がスコタイ歴史公園とカムペーン・ペッにもあります。

チャン・ローム寺院

■チェデイ・チェット・テーオ寺院　Wat Chedi Ghet Thaeo

城壁内にある寺院の中でも規模が大きく重要なものです。さまざまな形の仏塔が三三基見られます。この仏塔は宇宙の原理に沿ったように規則正しく並べられています。ダムロンラーチャーヌパープ王子は、この寺院はスコタイ王朝の王族一族の遺骨が葬られている場所ではないかと考えました。このこともあってこの寺院は代々大切に保護されてきました。

この寺院にある仏塔は三つのグループに分類することができるようです。最初のグループは蓮のつぼみのような形状をした蓮蕾型仏塔で、スコタイ文化独特のものです。細長く高い仏塔で、上に行くほど小さくなっていく、四角い基壇が積み重ねられています。中ほどにある八角形の基壇には、漆喰で造られた蓮の花の装飾文様などが見られ、さらに蓮の蕾の形の尖塔部分を支える形になっています。

第二のグループは床と天井のある層が幾重にも重なっているプラサート型の仏塔です。四角い柱のような形で、角度や凹凸がついていること

チェデイ・チェット・テーオ寺院

が多いのが特徴です。この寺院のプラサート型の仏塔にはランナー型式、クメール型式など外部の文化から影響を受けたとみられる形のものが見られます。

第三のグループは釣鐘の形をした丸い仏塔です。釣鐘の下方部分が蓮の花などの文様で装飾されているものが多くみられます。尖塔部分には、円形の細い柱があり、その上に円錐形のプロンチャナイが見られます。土を丸く盛って何度も積み上げた形です。これは傘のような形にする古代インドの遺体埋葬儀式が起源となっているのではないかと考えられています。

■ナーン・パヤー寺院　Wat Nang Phaya

アユタヤ時代初期の一六世紀ころに建立された寺院です。シー・サッチャナライの中心部にある大規模寺院の一つですが、全く記録や資料が見当たらず、謎の寺院とされています。周囲をラテライトの壁で囲んでいます。ラテライト造りの本堂は七つの密封された小部屋に分かれており、屋根には陶器のタイルが使われていました。壁面には漆喰が塗られ、採光用の四角い小窓が設けられています。本堂の外部にはランナー文化と中国文化の影響を受けたことを示す優美な植物文様のレリーフが残されています。屋根で覆われた西側の壁面や縦格子の窓の側面や下方に植物をデフォルメした美しい装飾文様を見ることができます。

■クデ・ライ寺院　Wat Kudi Ri

この寺院はヨム川の北岸、シー・サッチャライの町を囲む外壁の外

ナーン・パヤー寺院の壁画

側、タオ・モ門のすぐにあるので目立っています。説明板の横にかつての寺院伽藍の姿を復元したイラスト図が掲示されています。これによるとクデイという建物とウイハーンと呼ばれる二つの建物から構成されていたことがわかります。

現在は前者の建物は失われ、いずれも赤い煉瓦で造られた基礎の部分と柱のみが残されています。壁面には漆喰の痕跡が見られます。ウイハーンと呼ばれるお堂の中には煉瓦で造られた二段の基壇が設けられています。その上部に仏像が安置されていたことが壁面の影から想像されますが、現在では失われています。

クデ・ライ寺院

■チェディ・カオード寺院　Wat Chedi Khahd

この寺院遺跡はスコタイ時代の建築と考えられている寺院です。シー・サッチャナライ城壁の外側、西部域のカオヤイ山脈の山の背にあります。前面に小部屋が五部屋程度の規模の屋根と柱のみを残す本堂があり、本堂の背後に大仏塔まで上ることができる階段が設置されています。大仏塔はモンドップ型をしており、隅の角部分は丁寧に作られています。屋根の上部には角ばった小さな仏塔が八基建てられています。仏塔の塔身には、仏像を祀るための仏がんが設置されています。各階には仏座像が祀られています。壁面内部には同じくスコタイ時代に造られたチェデイ・チェット・テーオ寺院と同様、仏陀の過去を表現するモノクロームの壁画が描かれています。

❖パーヤーン村の窯跡群

シー・サッチャライ城壁の外側、北部に近接して陶器生産窯跡群があります。窯は盛り上がった形で、ヨム川の畔の平坦地に散在しています。これらの窯は熱を横方向に逃がす形式のもので、一二五〇度から一三〇〇度前後の温度で焼いたと考えられています。ここでは器や人形、瓦などの建築資材などを生産していました。これらの焼き物はスワンカローク焼と呼ばれ、フィリピン、インドネシア、日本などの外国の遺跡から多く発見されており、アユタヤ時代においては重要な輸出品でした。

❖スワンカローク焼研究保存センター四二番

コノーイ村の陶器生産の窯跡は一四八基以上になることが調査の結果明らかになりました。

ヨム川の両岸約一・五㎞にわたって分布する窯跡は二つのタイプに区分することができます。最初のタイプは、タクラップ窯（火格子）窯で、熱を上部に逃がすタイプの窯（クロスドラフト窯）で、構造上、窯内の温度が九〇〇度までしか上昇しないので、屋根に葺く瓦やタイルなど高温で焼く必要のない製品、いわゆる土器を焼くために用いられました。第二のタイプは船の屋根のような形をした窯（プラトウム窯）です。この窯は熱を横

スワンカローク焼研究保存センター四二番

に逃がすタイプの窯（クロスドラフト窯）で、一二五〇度から一三〇〇度の高温で焼ける窯です。この窯は焚口、焼成部（製品を焼く場所）、煙突という三つの部分に分かれています。このタイプの窯には地中を掘って作った窯と、地表に煉瓦を積んで造った窯の二つの形態があります。なおこのコノーイ村の窯には二つのグループがあります。このうち四二、六一番の窯跡群は特に重要です。

四二番では調査の結果一九か所で重複した窯が明らかとなりました。この確認は、製品の発展段階や窯の種類の判別などきわめて研究上重要な情報を提供しています。そのためこの窯跡の位置に窯跡を覆うように上部に建物が建築され、博物館として公開されています。この施設はまたスワンカローク窯の研究センターとしての役割もあります。

❖ スワンカローク焼研究保存センター六一番

六一番窯跡群は最も奥にあります。二つの展示施設があり、渡り廊下でつながれています。この種の遺跡の保存方法としてよくみられる上部を覆い屋で覆うというものと構造はほぼ同じですが、窯跡が地下深くに重層して確認されていることからこの建物は周囲にわずかな高さの擁壁を作っています。全体が鉄骨構造の屋根で覆われ、天候に左右されずに見学できるようになっているのはありがたいです。

展示ケースが随所に置かれ、調査で出土した遺物の展示や調査状況、あるいは参考事項などのパネル掲示が行われています。

六一番窯跡群では、地中に掘って造られた窯が四か所以上見つかって

スワンカローク焼研究保存センター六一番

展示室

大小の器を交互に並べている

います。大きな窯の中には製品が並べられた状態で見つかっており、窯のスペースを有効に使うため大小の器を交互に並べていることもわかりました。六一番窯では米や水を入れる容器である大型の瓶、遺骨を入れる容器の壺、蒸し器のほか床や壁面に使用されるタイルなどがあり、いずれも硬質の焼き物で、表面のコーテイングなどの処理は行われていませんでした。

窯跡は単純に一基のみが操業していたと確認されているときはわかりやすいのですが、五基以上の窯が上下に重複した状態で確認されている場合は、なかなかその重なりの状況が把握できないかもしれません。とくに奥の窯については大小の窯が複雑に重なっており、その区別はよほどこの調査の窯に精通していないとわからないかもしれません。

カムペーン・ペッ　Kamphaeng Phet

スコタイ、アユタヤ朝時代は、ビルマの侵攻をくい止めるための要塞都市だったカムペーン・ペッには、当時の面影を残す堅固な城壁があります。歴史公園は、世界遺産にも登録されています。

❖カムペーン・ペッ国立博物館
Kamphaeng Phet National Museum

城壁に囲まれたカムペーン・ペッ歴史公園内のほぼ中央付近にランナー様式の屋根をもつ近代的な建物があります。ここがカムペーン・ペッ国立博物館です。

展示室はほぼ方形に配置された一階フロアと、入口部分の二階フロアから構成されており、展示は落ち着いたディスプレイで統一されており、非常に見やすくなっています。入ってすぐに市街地の地形模型があります。さらに進むと地域の遺跡とその解説の写真パネルが壁面に続いています。

次に歴史の展示室です。まず入口を入ると先史時代の暮らしのジオラマがあ

カムペーン・ペッ国立博物館

先史時代の暮らしのジオラマ

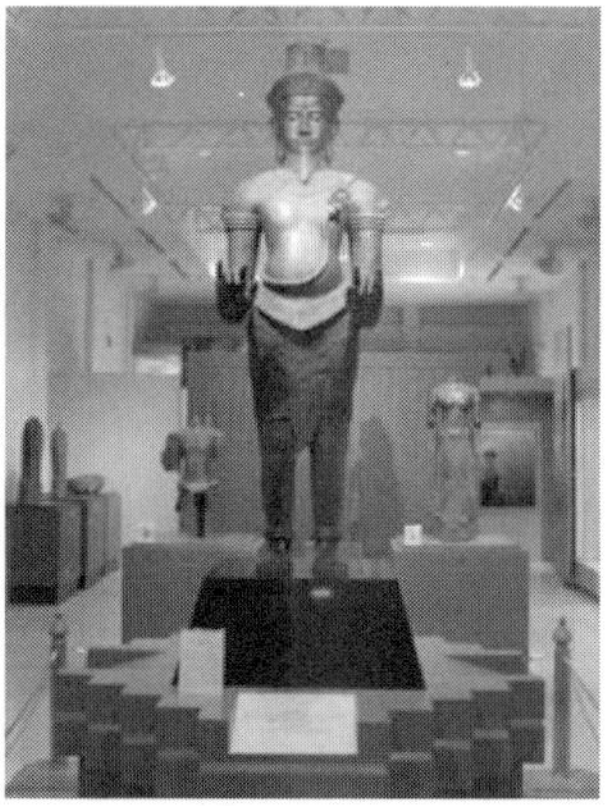

ヒンズー教のシバ神の彫像

民族衣装の展示

ります。そこでは家族が石器つくりをしています。カムペーン・ペッの先史文化をテーマとした内容が続きます。土器、石器、金属器、食器や紡織機、装身具などを見ることができます。

次に初期仏教の伝播で形成されたドラヴァダティ文化のコーナーです。この時期の土製品や仏像の破片が展示されています。さらにこの地域に花開いたスコタイ文化をナコーンチャムやカムペーン・ペッ地域の遺跡などから紹介しています。石仏やブロンズ像が並べられており、スコタイ文化の粋を見ることができます。仏像の大きさも大小さまざまで、小さなものは手のひらに乗るほどですが、表情は豊かで見ごたえがあります。

土器、陶器ではクメール色の濃い形態のものが多く見られ、壺や鉢、動物などのフィギュアなどがあります。建築用材の焼き物としては煉瓦や瓦があり、独特なユーモラスな表情のものもあります。寺院の建築で多用されたラテライトの加工状態をジオラマで表現しているコーナーがあります。ちなみにラテライトは地中にあるときは柔らかいのですが、空気に触れると硬くなるという土の一種で赤あるいは焦げ茶色をしています。斧やバールで溝を掘って大きな塊の状態で掘り出し、引き揚げたらすぐに斧や刃物で適当な大きさに削ります。

アユタヤ時代のヒンズー教のシバ神の彫像も置かれています。さらにアユタヤ時代からスコタイ時代の仏教文化、カムペーン・ペッの芸術文化について比較して見ることができるように配慮されたコーナーもあります。また海外の文化伝播で得られたブロンズ製大砲の展示もあります。最後に民俗文化の展示コーナーがあります。これらは「カムペーン・ペッの今」というコーナーです。タイには多くの少数民族がいますが、急速な現代化の波によって、その伝統文化の保存が急務となっているためこの博物館でも資料収集に力を入れているようです。ここでは民族衣装を中心に展示が構成されています。

❖ 世界遺産

カムペーン・ペッ歴史公園 Kamphaeng Phet Historical Park

カムペーン・ペッのアランジック地区は遺跡群が密集しており、この地域のシンボルともなっています。とくに古代からの姿をよく残しており、それぞれの時代に生きた人々の信仰や技術を表しています。一九九一年、ユネスコの世界遺産委員会は、優美な芸術、建築技術を示す証拠であるとともに、芸術面での想像力を活かした真の傑作であり、陶磁のユニークな伝統文明を今に伝えているとして、スコタイ、シー・サッチャナライ、カムペーン・ペッ歴史公園を世界遺産として登録しました。

❖カムペーン・ペッ歴史公園インフォメーションセンター

城壁で囲まれた地域からは北側に少し離れた場所にインフォメーションセンターがあります。ごく普通の平屋建て建物です。国立博物館に実物資料が多数展示されていることもあって、ここでは地形模型や写真パネルが中心の展示で遺跡を紹介しています。以下、歴史公園内の代表的な寺院遺跡について簡単に紹介しておきましょう。

■プラ・ケオ寺院　Wat Phra Kaew

城壁内の中心にある大規模な寺院遺跡です。境内敷地は長方形で、重要な建物は東西方向に並んで建てられています。この寺院はいくつかの時代にわたって建てられたものとされ、スコタイ時代に創建され、アユタヤ時代にも増改築や再建が行われたと考えられています。境内にはラテライトで構築された高くて大きい基壇があります。

本堂には白い石仏像二体の坐像と涅槃像が見られます。これらの様式は顔の表情などからアユタヤ時代ウートン王の頃のものとされています。さらに奥に三層の四角い土台があり、その先に美しい小型の仏塔がありま す。上部はすでに失われていますが、かつてここにエメラルド仏が祀られていたとされ、ブサボットと呼ばれています。この仏塔は建築様式から見てアユタヤ時代の様式に似ていると見られます。

インフォメーションセンター

プラ・ケオ寺院

さらに西に行くとほかの仏塔よりも一層目立つ大規模な釣鐘型の仏塔があります。基壇下部に三二の仏像などを安置し祀るために設けられた穴、すなわち仏がんがあり、それぞれの内部には獅子像が収められています。これらはスコタイ時代から発展してきたものと考えられています。その上方には仏像を収める一六余りの仏がんがあります。

■プラ・タート寺院　Wat Phra That

プラ・ケオ寺院の東側にある大規模な寺院遺跡です。長方形の敷地でその周囲をラテライトの壁が廻っています。入り口は東側正面のみで、主要伽藍建物は東西方向に並んでいます。本堂はラテライトで構築されたものですが、現在は基礎のみ残存しています。伽藍配置はスコタイ文化とアユタヤ文化が入り混じったものです。大仏塔は煉瓦造りで高く大きい釣鐘形をしており、下層の土台部分のみラテライトで造られています。

プラ・タート寺院

■チャーン・ローム寺院　Wat Chang Lom

アランジック地区のラテライトの丘の最も高い場所に位置しています。寺は東向きに造られ、ラテライトの壁が東側と南側にあり、一四～一六世紀の建造と考えられています。大仏塔とその前方に本堂の基礎部分が残っています。大仏塔は大きく高い四角い台座の上に構築されています。各方向に階段が作られていますが非常に急です。基壇部分は六八頭の象で飾られています。頭と二本の前足が壁面から出ています。漆喰は風化が目立っています。基壇上にある仏塔は八角形と円錐形の土台、さらにその上部のわずかな部分のみ残っていますが尖塔部分は完全に崩落しており残っていません。

なお本堂の前方にはラテライトを採掘した痕跡が見られます。そこはラテライト層まで掘り下げており、方形の池のようです。

■プラ・ノーン寺院　Wat Phra Non

アランジック地区の南側にある寺院です。ラテライト製の建物で構成されており、周壁は東、南側にのみ設置されています。敷地は長方形で寺の重要な建物は東西方向に建てられています。最も手前にあるのが布薩堂です。屋根を支える柱は八角形をしています。基壇は正方形をなしており、涅槃仏の台座が残されていますが、仏像自体はほとんど残っていません。屋根を支えていた柱はラテライト製の四角いもの一本のみで、各辺の幅が一m余り、高差が四〜五mもあります。本堂後方西側に布薩堂の裏側に本堂があります。

プラ・ノーン寺院

釣鐘型の大仏塔があります。

＊この他にも多数の寺院遺跡が整備された状態で公開されています。それぞれの解説には英語、タイ語、日本語などが対応しており、バーコードがスマホに対応するようになっているようです。

チャーン・ローム寺院基壇の象の彫刻

タイ東北部の博物館

ウドン・タニー　Udon Thani

バンコクのスワンナプーム国際空港から約一時間でウドン・タニー空港に到着します。

一八九三年、ラオスの植民地化を進めるフランスとタイの間でシャム危機と呼ばれる衝突が発生しました。この事件の後、軍事的な圧力によってタイはメコン川右岸に非武装地帯を設けることになります。これによってできた町がウドン・タニーです。その後、戦乱を逃れた隣国からの難民増加によって、わずか百年の間に人口四〇万人を擁する大都市となりました。またベトナム戦争当時、米軍のキャンプサイトが七か所設置されていたこともあり、軍需を背景に急速に発展しました。しかし米軍撤退によって、キャンプも閉鎖され、今ではその面影すら見られなくなっています。

市内には、ラーマ五世の時代に創建されたタイ東北部最大のポーティソムポーン寺院があり、二〇〇九年に建設された立派な仏塔があります。ラーマ六世の時代に建設された建物を利用したウドン・タニー地域博物館はウドン・タニー県成立一一一年記念の二〇〇四年に創設された施設ですが、二〇一六年一〇月訪問時、博物館は大幅な改修工事中でした。来春の完成を目指しています。パンフレットやガイド氏などによると、ウドン・タニーの民俗や地形などがジオラマなどで展示されていたようです。タイ・中国文化センターはウドン・タニーに居住する中国系の人々によって建設された施設で、両国の文化交流と伝統文化保護を目的にしています。孔子をテーマとする道徳博物館なども併設されています。このほか郊外には世界遺産登録されているバーン・チャン遺跡、バーン・チャン国立博物館や、先史時代からクメール文化時代の各文化を忍ばせるプー・プラ・パート歴史公園、恐竜が闊歩していた時代の遺跡、古代貝化石博物館などがあります。

❖ウドン・タニー タイ・中国文化センター
Udonthani Thai-Chinese Cultural Center

この施設はウドンタニーに在住の中国系住民の団体であるＰＵＹＡによって設立されたものです。二〇〇九年に工事をはじめ二〇一三年にオープンしました。道徳博物館など五棟の建物で構成されています。

道徳博物館では、孔子の生涯を物語るレリーフや、業績などのジオラマや映像展示があります。孔子の時代に用いられていた竹簡を編んだ巻物に復元された論語が展示されていたり、漢時代の墳墓から出土した馬車のレプリカ、古琴を弾く孔子の像などのジオラマもあります。このほか、ウドン・タニーの祭礼で使われる仮面や神への供え物のレプリカなども見る事ができます。建物外部の側壁には中国の故事に取材したレリーフが施されています。

このセンターは、中国文化だけを強調するのではなく、地元の文化との共存共栄を図ろうとする中国系住民の思想が伝わってくる施設です。また一角には中国茶などを提供する喫茶店もあります。

タイ・中国文化センター

❖バーン・チャン国立博物館
National Museum of Ban Chiang

世界遺産バーン・チャン遺跡に関する紹介を行っている大規模な博物館です。一九七五年に文化財保存と研究の必要性から遺跡地域に創設され、一九八一年から公開されています。さらにアメリカのジョン・エフ・ケネディ財団からの資金援助で一九八七年一一月に二棟目の建物が完成・公開され、さらにタイ政府の予算によって二〇一〇年には新たな展示用建物がオープンしました。

バーン・チャン遺跡は、地元住民の間では土器が見つかる場所として知られていたそうですが、一九六六年、ここを訪れたアメリカ・ハーバード大学の学生ステファン・ヤングによって偶然、大量の彩文土器の破片が確認され、にわかに注目を集めることになります。やがて調査によって多くの土器や青銅器などの遺物が発見され、バーン・チャン遺跡は五、六千年前の早い時期の文明を示す偉大な遺跡であることが改めて認識されていきました。一九七二年の国王夫妻の訪問によってタイ全土の注目を集めることになりました。一九七四〜一九七五年には芸術局とアメリカのペンシルベニア大学合同の考古学調査が行われ多くの成果が得られました。これらの成果から、一九九二年にバーン・チャン遺跡は世界遺産に登録されました。

バーン・チャン国立博物館

博物館は、いくつかの建物に分かれて、それぞれテーマを絞って展示が行われています。最初の建物はプミポン国王とバーン・チャンをテーマにした展示です。国王の視察などを写真パネルで展示したもの、「バーン・チャンにおける考古学」というコーナーでは、遺跡に関係してきた主なタイ人の紹介、遺跡の考古学調査の歴史について紹介しています。

次の建物では、遺跡調査の各場面、土器の発掘、それらの実測図の作成、測量作業などが紹介されています。正方形の建物の一階中央部の大半がジオラマになっています。見学者は二階の入口を入るとジオラ

さまざまな文様の土器

埋葬のジオラマ

マを見下ろすようになります。二階では土器の整理作業が行われている部屋で、土器の破片を接合している作業を見ることができます。

次の展示（第五展示室）では、博物館の東約五〇〇mにあるポー・シー・ナイ寺院の考古学的調査で出土した遺物が展示されています。多くの土器、石器、銅製の装飾品などが並べられています。

一階から次の第六展示室に移動します。そこではバーン・チャンの数千年前の生活状況がジオラマで表現されています。狩猟生活の様子や、農業、土器作り、青銅器の鋳造風景、織物の機織り作業などがジオラマで見られます。土器作りのジオラマでは粘土から成形している様子、集落の中でわらを製品の上にかぶせて覆い焼きを行っている様子、バーン・チャン土器の特徴でもある文様を施している様子などが見られます。第七展示室は「失われた青銅器時代の風景」と題し、ペンシルベニア大学が制作してアメリカ、シンガポールで展示されたものを改良して展示しています。バーン・チャンが青銅器文化の段階に属していることを示す重要な証拠になるものです。

次に「バーン・チャン文化の分布」と題する展示があります。出土遺物は大きく三つの時期に分類されています。まず初期は五六〇〇～三〇〇〇年前です。次の中期段階は三〇〇〇～二三〇〇年前の時代です。この時期の埋葬では人骨の上に大量の土器がおかれています。また青銅器の武器や装飾品も多くみられます。最後の段階は二三〇〇～一八〇〇年前の時期です。この頃の遺跡では土器が多数集中して配置されていることがあり、青銅器の腕輪などの装飾品も多くみられるようです。

第一〇展示室では各時期に分類された大小の土器が展示されています。土器の表面に描かれた茶褐色の文様は曲線と直線の組み合わせという幾何学文様のほかに、内側に蛇や龍を描いたものや鳥などの動物を表現しているものがあります。複雑な入り組んだ文様があるかと思えば、きわめて単純な曲線、茶色に発色した線のみの文様もあり、世界的に知られた彩文土器にも時期によってさまざまな種類があることがわかります。

最後のタイ・プアン展示会ビルという建物には、タイ・プアン族の歴史、文化の資料が展示されています。約二〇〇年前にこの村に入植した民族で、この地を新たにバーン・チャン村と名付けて現在に至っています。

博物館の門前の店先にはたくさんの土器が並べられていましたが、展示室で見たものとは似て非なる文様のものが多くみられました。

博物館の門前の店先にはたくさんの土器

❖ポー・シー・ナイ寺院発掘現場 Wat Pho Sri Nai Archeological Excavation Pit

バーン・チャン国立博物館から約五〇〇mの距離にポー・シー・ナイ寺院があります。新しい建物の寺院ですが、境内のバーン・チャン遺跡の発掘現場が保存・公開されています。ここはタイでは最初の野外展示博物館だそうです。落ち着いた雰囲気の平屋建ての覆い屋に包まれています。博物館のジオラマや展示とは異なり、発掘現場の臨場感が直接伝わってきます。三〇度を超える炎天下の野外ではなく、屋根があるため少しは涼しく感じます。

大きくカギ型に掘られた幅の広い大きなトレンチがそのままの状態で保存されています。人骨が埋葬された部分や土器が山積み状態で出土した部分は実に迫力があり、見学者に大きな感動を与えます。土器の中に独特の文様が露出しているのを見ると、さすが世界的に知られる彩文土器と実感します。

❖タイ・プアン屋敷　Thai Phuan House

国王と女王が一九七二年三月二〇日にバーン・チャン遺跡の発掘現場を視察するこの地を訪問されました。博物館にほど近いこの建物はこの地域の伝統的な建物で、住人であるポッチュ・モンツリピタック氏の屋敷でした。氏は、国王がこの場所で休まれたことを記念して、屋敷と土地を国家に貢納しました。現在では社会教育施設として、ホームステイなどの場所として活用されているということでした。

❖プー・プラ・パート歴史公園　Phu Phrabat Historical Park

ウドン・タニーの市街地から北西、バーン・チャン遺跡とは反対方向に六五㎞ほど行くと、多くの奇石が分布する公園に到着します。まず公園入口のインフォメーションセンターの展示室を見学することにします。

ここには公園内のさまざまな奇石の写真パネルが掲げられています。奇石

歴史公園インフォメーションセンター

ポー・シー・ナイ寺院発掘現場

岩陰にある仏像群

崩れ落ちそうな仏塔

といってもすべて自然に形成されたものではなく、先史時代以来人類が住居とするため、あるいは僧侶が修行のための施設とするために加工されてきたものもあります。

駐車場からは幅二ｍほどの未舗装の山道を歩くことになります。二、三時間のハイキングを覚悟する必要があります。山道の散策は気持ちの良いものですが、炎天下に入ると少々つらいものがあります。

歩き始めて三〇分ほどで最初の目的地点に到着しました。ここに何とも言えない絶妙のバランスを保っている岩があります。クメール時代以降、僧侶が修行のためにこもった祠の痕跡だそうです。岩陰の平坦な部分が居住空間だったのでしょう。内部に仏像を安置した祠もあります。また、長い年月の間に仏殿の屋根として用いていた巨石が真っ二つに割れたものもあります。この屋根の表面に刻まれた装飾文様はクメールの仏教文化の痕跡をとどめるものです。隣接する祠の壁面に大きくノミで削られた痕跡が見られます。おそらく先住していた人たちが刻んだヒンズー教関連の神々の彫像があったものとみられます。壁面の前にはリンガと思われる石製品が無造作に放置され、また頭部を欠いた像も見られます。

祠の跡群を後にしてしばらく歩くと、背の高い岩で作られ、周囲を八本の石柱で囲んだ仏塔がそびえています。ここは礼拝の場だったのでしょう。石柱が一本失われているのがわかります。雨水などの浸食で多くの石製遺品が崩落、崩壊の危機に瀕しています。

次に、先史時代の岩陰遺跡に向かいます。徒歩で一時間程度です。大きな岩が覆いかぶさるような形の岩陰遺跡で、壁画に描かれているのは人間と牛、鹿などの動物です。茶褐色の顔料が使われていますが、太陽光線などの影響で褪色が進んでいるようで、そう遠くない時期に見られなくなってしまうかもしれません。

ここから出口に向かうと、一〇分程度で祠の痕跡に出会います。岩盤に覆われた下方に長方形の居住痕跡が見られる見事なもので、ガイド氏によるとクメール時代の僧侶の祠の痕跡であるとのこと。周辺にも同様の遺構があることから、この周辺にまとまって居住していたと考えられます。

❖古代貝化石博物館　Old Shell Fossek Museum

ウドン・タニーからコーンケンへの途中の森林の中にある博物館です。ここに展示されている貝化石は一四〇〜一五〇万年前の地質時代のものと考えられています。隣接する地域では古代ワニ（クロコダイル）の骨化石も見つかっています。博物館は、旧館と新館があります。新館は小高い丘陵上に建てられており、旧館は丘陵のふもとにあるこじんまりとした平屋の建物です。

旧館では貝の化石が並べられていますが、素人目には小石が無造作に置かれているという印象です。また恐竜の骨の化石も置かれていますが、部位を示したパネルがあるだけで解説も見られませんでした。また見学者も我々のみという寂しさでした。

一方、新館は小学校低学年の団体見学があり、かなりにぎわっていました。ここの展示手法は旧館とは

新館の化石展示

恐竜の動くジオラマ

異なり、化石はケースに整然と並べられ解説板もつけられています。中央には恐竜の動くジオラマがあり、グワグワという鳴き声が館内にこだまし、それに呼応する子供たちの歓声が響いています。圧巻だったのは、恐竜の正面に集まった子供たちが一斉にスマホを取り出してぱちぱちと撮影に熱中している様子です。まるでアイドルに群がるファンのようでした。

　出口の壁面一杯に、化石の調査とその処理に関する一連の作業が描かれたパネルが掲げられ、その傍らのケースには化石調査の道具類が収まっていましたが、これに目をやる人は全くいませんでした。

コーンケン　Khon Kaen

バンコクから空路で約一時間のコーンケンは人口一六万人以上の大都市です。総合大学であるコーンケン大学が市内にあり、学生の街としても知られています。市内には国立博物館、郊外のプーウィアン地域には化石研究センター博物館があります。

❖コーンケン国立博物館 National Museum of Khon Kaen

コーンケン市街地の北部に、壁面が白く塗られ、屋根は赤茶色の二階建て、三角形の屋根が特徴的な博物館があります。

ここには周辺の寺院や遺跡から出土した石仏、石碑、土器などの文化財が集められていますが、特別珍しいものは見られないようです。ガルーダに乗るヒンズー教の神像や、両腕を失っているビシュヌ神像などがあり、この地域にクメール文化が及んでいたことがわかります。またサンスクリットなどの経典文字を刻んだ蓮の花びら状の石製の碑文板が多く集められています。また石棒状製品などは中庭に面した廊下にも並べられています。これらはハイセーマと呼ばれたもので、聖域を表示する標示石の役割を担ったものと考えられています。

二階には、この博物館の開館の際、国王が出向いた記念写真が掲げられ、タイ北部イーサン地方の服飾、民俗の紹介も行われています。

❖ コーンケン動物園　Khon Kaen Zoo

二〇一〇年一月に開園した比較的新しい動物園です。主要道路からはかなり離れており、わかりつらい場所にあるのですが、タイ東北部には同様の施設がないためか、休日にはかなりにぎわっているとのことです。訪問したのは雨期の平日でしたので、園内はガラガラ状態でした。

日中は三〇度を超える土地ですから、広い園内は循環のトラムを利用することにしました。まず入口からバードゲージまで乗車しました。途中にはフラミンゴの飼育池とヒグマの飼育場があります。ちょうど給餌時間のようで、トウモロコシなどのえさを投げ込んでいました。バードゲージは、見学者がゲージ内に自由に入れるようになっていて、中ではクジャクなどが放し飼いにされています。このゲージを出ると、トラ、ライオン、サイ、カバなどの飼育場が連続しています。檻はかなり広いのですが、主人公の動物が少なく、なんとも寂しい状況です。アメリカのコーナーではカウボーイにちなんで馬と水牛が飼育公開され、隣接するカピバラの飼育池は清掃中で、一角の狭い囲いの中に集められたカピバラたちは不満そうに見えました。

動物園ウェルカムセンター

再びトラムに乗車しました。丘陵の急斜面を行くトラムは運転が乱暴で、振り落とされそうになります。ワニなどの飼育場付近のステーションで親子連れの四人が乗車し再び動き出しました。次に通過したのは鹿たちの牧場です。小さめの鹿が多く、えさ場に群がるもの、木陰で休むものなどさまざまでした。鹿は案内パンフレットにも大きく扱われており、看板的存在なのかもしれません。

余談ですが、二〇一五年七月六日に園内のシャトルバスが、ブレーキ故障のため暴走し、前を行く車に激突、死者五名、負傷者五五名という大事故が発生していたことをあとで知りました。やっぱりなあ、というのが正直な印象でした。

❖キング・コブラ村　King Cobra Village (Baan Khok Sa-nga)

通称スネーク・ビレッジと呼ばれる村があり、キング・コブラのショーがあるというので訪ねてみることにしました。主要道から横道に入り、サトウキビ畑が続く田園地帯にこの村はありました。この村の主要な産物はコメとサトウキビで、サトウキビは日本の有名砂糖メーカーに大半を輸出しているそうです。どことなく沖縄に似た雰囲気のある村です。

命がけのショー

サトウキビ畑や水田に生息するネズミやカエルを餌とし、またほかの蛇も食べるという獰猛な蛇がコブラです。全長六m近いものもおり、黒光りする胴部は気味が悪く、舞台上でそれらを扱う村人も命がけという危険なショーです。三人の男がコブラを木箱から取り出し、彼らに威嚇させる行動をとってカマクビを持ち上げさせます。その姿はヒンズー教の寺院に見られるガーラのモデルのようでもあります。ショーが終わると間髪を入れず女性がかごを観客に回してお金を集め始めました。中をのぞくと二〇バーツ（約六〇円）の紙幣が大半を占めていました。最後にニシキヘビを体に巻き付け、記念写真を撮るように勧めてきます。どうもこの手の動物は苦手なもので、いち早くその場を

キング・コブラの飼育室？

離れました。

舞台の裏に二~三m四方をコンクリートで囲み、上部を目の細かな金網で覆った簡単な?展示・飼育場があります。中にはとぐろを巻いている巨大なキング・コブラが何匹もいました。

❖プー・ウィアン化石研究センター&恐竜博物館
Phu Wiang Fossil Resarch Center and Dinosaur Museum

コーンケーンの北西約八〇kmにある施設です。タイ最初の恐竜化石が一九七六年にこの地域で発見されました。一九八一年から本格的な調査が始まり、一億三千年前と考えられる恐竜化石や足跡化石が多数見つかりました。この化石調査の成果を展示し研究する施設としてプー・ウィアン化石研究センター&恐竜博物館が設立されました。

ダイナザウルス・パーク

館の外の植え込みの中に小型の恐竜の復元模型が置かれ、入口には恐竜に乗って写真が撮れるという子供向けの遊具もあります。この博物館では出土した恐竜の各部位の骨格化石をはじめ、実物大の恐竜のジオラマなどが展示され、興味深く見学できる工夫が随所にみられます。
展示室への通路には恐竜の足跡が点々と続いていますが、足元を注意しながら歩かないと足をとられて転倒ということもありますのでご注意を!
ダイナザウルス・パークと名付けられた展示室があります。流れ落ちる滝

屋外に恐竜の復元模型

と小さな川が設けられ、湿地帯上に架けられた歩道を見学者が歩くようになっています。復元されたダイナザウルスや小型の恐竜、当時の植物を見ながら歩くと、まるで恐竜がいた世界に迷い込んだような気持ちになるかもしれません。展示室二階分が吹き抜けになっているので、大きな温室の中にいるような雰囲気です。

化石調査で使用される道具類の展示や、実際の調査状況のジオラマもあります。また整理分類・研究作業が行われている作業室、研究室もガラス越しに見ることができます。

❖ コーンケン郷土博物館　Khon Kaen Museum

広い公園の一角にある市営の展示施設です。入口に恐竜の骨格化石が展示されており、町のシンボルが恐竜化石だと示しているようです。しかし、展示の約半分はこの地域の歴史や暮らしを示すジオラマが占めています。郷土の歴史を学習する施設として学校や団体が利用しているようで、訪問時にも数名の生徒がケースの前で熱心にメモを取っていました。ただ、外国人向けの英文表示などはなく、内容も地元のものに偏っているように思えました。

コーンケン郷土博物館

ノーンカイ　Nong Khai

ラオスとの国境に位置する町で、メコン川を挟んでラオスと向かい合っています。オーストラリアの援助でメコン川に友好橋がかけられ、物資の交流が盛んに行われています。かつてラオスを訪問した際、ラオス側からタイを眺めたことがありましたが、今回はその逆です。

ベトナム戦争中は多くのベトナム難民が押し寄せ、かれらが住み着いた町としても知られています。街中ではタイ料理よりベトナム料理の店のほうが多いのはこのような理由からです。

ノーンカイ水族館では海水魚の飼育はもとより、近接するメコン川のナマズなどの魚類の大水槽での生態展示も見ることができます。

ノーンカイには、かつてメコン川の川底から引き揚げられた仏像を祭るポー・チャイ寺院や、メコン川の川中にあり、水かさが増すと水没してしまう寺院など、多くの寺院があります。

タイ・ラオス友好橋の前の国境

❖ ノーンカイ水族館　Nong Khai Aquarium

二〇〇九年四月一〇日に開館した水族館です。コーンケン大学分校のキャンパスが隣接しています。

水中トンネル

ノーンカイ水族館

入口にはメコン川のナマズの骨格標本などが並べられています。入口の階段に何とも言えない不思議な表情をした少女像が置かれていますが、その意味するところは不明です。

展示室では中央の大水槽の周囲の壁面に幅二m、高さ一mほどの水槽が並んでいます。展示室は三つのフロアから構成され、一つは海水魚、次に淡水魚のコーナーです。淡水魚ではメコン川の魚が大水槽に放流され、その下の水中トンネルから観察します。これはとても迫力があります。

最後のフロアに淡水魚の個別展示水槽があります。観光地などにある室内の釣り堀、あるいは鮮魚料理点の大水槽のような雰囲気があります。出口のそばには漁撈民俗の民具、例えば魚を捕るための竹を編んで作った仕掛けや魚籠、釣竿や網などが壁面に展示されています。メコン川の魚を捕獲するための仕掛けやかごがとても大きいのに驚かされます。

ここにはミュージアムショップがあります。図録やポストカードという定番の博物館グッズはありませんが、Tシャツや布製の小さなマスコットなどの品物が売られていました。

❖ノーンカイ郷土博物館 Nong Khai Museum

かつて地域の役所の庁舎として使用されていた木造平屋建ての建物を郷土

ノーンカイ郷土博物館

展示室

博物館として利用したものです。建物は細長く小部屋がつながっていますが、現在は各部屋は中央で通じており、郷土の先人の業績を展示するコーナーや民俗資料の展示コーナーなどがあります。考古学の遺物を展示するコーナーは展示品の量は多くはありません。なおこの建物は一般に広く公開されていますが、訪問段階にはまったく管理人は見当たらず、窓やドアもすべて開けっ放しになっていました。

❖サーラ・ケーオク（ケーク）寺院　Wat Sala Kaew (Wat Khaek)

かつてメコン川の対岸のラオスで、ブッダ・パークと呼ばれる実に奇妙な仏像彫刻群を見学したことがあります（拙著『ぶらりあるきラオスの博物館』参照）。ラオスが共産主義国となり政治状況が大きく変化したので、その作者はラオスから対岸のタイ王国に亡命しました。そして亡命先のノーンカイでも、ラオスと同様に奇抜な仏像？彫刻を作り続けました。

ラオスでも度肝を抜かれましたが、ここではさらに規模が大きく背の高い仏像彫刻がいっぱいです。入

布袋像

口付近にある高さ一〇mを超える仏像は、まだ未完成ということで下地のレンガが露呈した状態のままです。腕の先や頭部がまだつけられていない状態のまま放置されているものもあります。ガイド氏は、作者が亡くなったのでこれ以上は進まないだろう、いずれ崩落するでしょうとのことでした。

とくに目立つのは中央奥にある布袋像です。ふくよかな腹部と笑顔が特徴のこの像はとても豊かな表情をしていますが、側に大きな舌を出して周りを威嚇する蛇の像があります。ヒンズー教のガーラを表現したものなのでしょうが、何とも気味の悪い像です。このほかにも多くの仏像、神像彫刻が見られますが、何と表現したらよいのやら……。

中央に三階建てのコンクリートのビルがあります。それぞれのフロアに祭壇が設けられ、仏像彫刻が祭られています。ここは彼の作品の倉庫としても使われているようです。ミュージアムショップ?では、彼の作品集と解説、写真集が販売されていましたが、英語表記のものはありませんでした。

❖ポー・チャイ寺院　Wat Pho Chai

ノーンカイ地域では最も規模の大きい寺院です。境内には堂々とした本堂、塔など数多くの堂舎が立ち並んでおり、地元の人々の参詣も多くみられます。本堂中心部奥に祭られている本尊の金銅像は、かつてはラオスの寺院にあったとされているもので、偶然の機会にメコン川の底から引き揚げられて、ここに安置されたという由来のある仏像です。

タイ中部の博物館

ロッブリー　Lopburi

スコタイからアユタヤに向かって車で南下すると約二時間でロッブリーに到着します。カンボジアを中心に勢力を拡大していたアンコール王朝の一地方都市として発展した町ですが、それ以前はラヴォーと呼ばれ、モン族のドヴァーラヴァティー王国の一部でした。やがて七世紀にラヴォー王国が独立、九世紀にはクメール王朝の領土となりますが、中国との交易を行うための大使を派遣するために一一一五年、一一五五年の二度にわたって一時的に政略的な見地から独立させました。その後、一二九九年にも独立していますが、その時はすでにスコタイ王朝の支配下になっていました。アユタヤ王朝のナーラーイ王はオランダからの侵略を恐れ、このロッブリーを副都としていました。

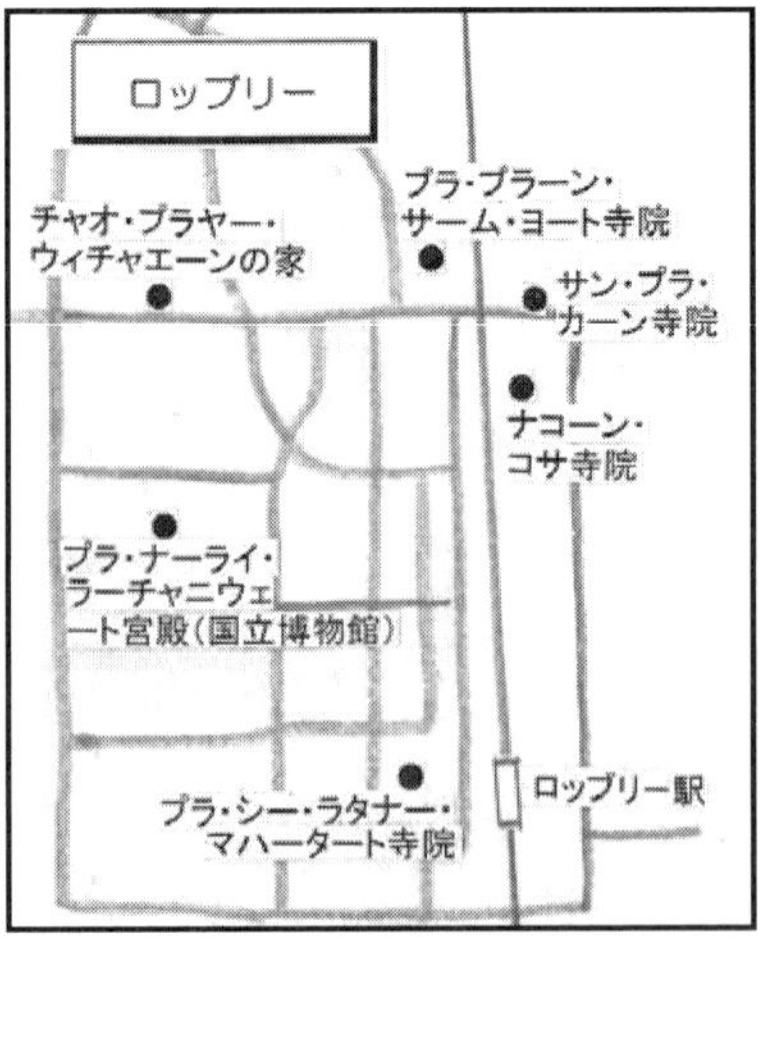

ロッブリーの鉄道駅は多くの引き込み線を持つ大規模な駅です。なかなか立派な駅舎はで、ホーム端には金色に輝く猿の像があります。頻繁に列車が往来していますが、乗降客は少ないようです。駅前にはかつて使用されていた蒸気機関車が置かれています。

駅を出ると、煉瓦つくりのプラ・シー寺院などの建物群が見えます。

❖ロッブリー鉄道駅前展示の蒸気機関車

ロッブリーの駅前広場の片隅に、黒、緑、赤と鮮やかにペイントされた小型の蒸気機関車が展示されています。一六一号機関車、イギリスで作られ、一八一七年から一八六七年まで現役で活躍したようです。

本来は保存環境の良好な室内で展示されるほうがよいのでしょうが、カンチャナブリーの鉄橋前の駅構内の日本製蒸気機関車などと同じように、関係の深い地域に野外展示されているものも多いようです。

色鮮やかな小型の蒸気機関車

❖プラ・ナーライ・ラーチャニウェート宮殿（国立博物館）
Phra Narai Ratchaniwet Palace

ロッブリー鉄道駅から北西方向に約五〇〇ｍ進むと白くペイントされた宮殿の城壁が見えてきます。城壁の東門から中に入ると、右手にチケット売り場があり、左手にはかつての宮殿の建物群の荒れ果てた痕跡が目に入ります。

この宮殿は一六六五年から建設が開始され、クメール様式、ヨーロッパ様式、タイ様式などいくつかの建築様式が混在して建てられています。現在では博物館として使用されているピマーン・モンクット宮殿などの建物のほかは、崩落の著しい廃墟のようになっています。

宮殿内の建物をご紹介します。

❖ピマーン・モンクット宮殿　Phiman Mongkut Pavilion

現在博物館として公開されているのは、ラーマ四世王が一八五六年に建設したピマーン・モンクット宮殿です。横長の建物の両端に二つの棟が張り出たような形で、外壁は白亜にペイントされ、太陽光が反射し輝いています。ここでは三フロアで展示を見ることができます。

一階のミュージアムショップの中を通って一階の展示室に入ります。ここには先史時代とドヴァーラヴァティーの仏像などの彫刻作品を見ることができます。とりわけ石造彫刻が多く展示されています。ロッブリー郵便局前の塔から見つかった一一～一二世紀の獅子頭部石像、サン・プラ・カン出土の七～八世紀のヒンズー教の神ビシュヌ神像の表面には金箔が貼られた痕跡が見られます。このほか頭部のみの石像や頭部を失った仏像、神像などが多数集められています。とりわけ動物を表現したものや人物の表情を示したものなどは、工人たちの遊び心が伝わってくるようで興味深いものです。

二階展示室へは正面階段前で靴を脱ぎ階段を上ります。順路に沿って進むと、リンテルに彫刻された見事な装飾彫刻があります。広い部屋に移ると、クメールの影響が強いバイヨン様式の仏像が展示してあります。一三世紀半ば～四世紀後半、クメール文化がこの地域に大きく影響を与えていたことを示す貴重な資料でしょう。かつてカンボジア訪問の際アンコール遺跡群で見た石仏像の顔を思い浮かべました。最も奥の展示室はブロンズ像の展示です。渡り廊下のように細長い展示室にはクメール陶器が並べられています。高さ一mを超える大型壺や甕から一〇cmほどの小型壺などがあります。どれも釉が美しく発色してい

ピマーン・モンクット宮殿

クメール様式の仏像

多くの仏龕を伴う板碑

クメール様式の大仏頭

1階展示室

3階展示室

るものは少なく、クメール陶器の特徴の一つである黒褐色の釉薬がわずかに確認されました。

次にこの博物館で最も広い展示室に入ります。ここには地元のロッブリー芸術の作品が展示されています。この時期のロッブリー文化はクメール美術の模倣とされるもので、建物から仏像まで大きく影響を受けていました。スコタイとの争いに勝利したアユタヤ王朝もロッブリーに文化的影響を与えました。この展示室では、一七〜一八世紀のアユタヤ文化の作品も併せて展示されています。

中央の急な階段を上ると三階です。ここに王朝文化の名残ともいえる展示があります。モンクット王（一八五一〜一八六八）の記念室で、中央にブロンズ製の王の胸像が置かれています。王の服飾、食器類、ランプ机、衝立など家具調度品、透かし彫刻のある寝台もあります。

❖チャンタラ・ピサーン宮殿　Chantara Phisan Pavilion

ピマーン・モンクット宮殿の北側に隣接して建てられているタイ様式の小型の建物です。白い外壁のこの建物は一六五五年にナーラーイ王の住居として建設されました。入ってすぐの階段を上がったところにナーラーイ王のブロンズ像が供花とともに祀られています。

ナーラーイ王時代の貿易による国際関係についての展示では、ヨーロッ

経典容器（箱）

チャンタラ・ピサーン宮殿

パで作られたと思われる人物彫刻像や西洋人を描いた絵画、彫刻されているガラス製ランプなど、一七世紀におけるフランスとタイの交易を示すものがあります。また、当時の地図や香料のサンプル、計量道具、金属器や陶磁器、漆で表面を塗布し細かな文様が彫刻された豪華な経典収納箱なども見られます。ナーラーイ王の時代、この宮殿には新しい設備がいろいろ整っていたようです。そのひとつ、水道管が展示されています。

❖ドゥシット・サワン・ターニャ・マハー・プラサート・ホール Dusit Sawan Thanya Maha Prasat Hall

国立博物館の展示室として使用されているピマーン・モンクット宮殿の南にあるこの大きな建物は廃墟となっています。ナーラーイ王が外国の大使ら外交使節と謁見するために建設したものです。建物の窓に方形のタイ様式、ドーム型のフランス様式という折衷様式です。

❖スッタ・サワン宮殿 Suttha Sawan Pavilion

ピマーン・モンクット宮殿の南に建物の基礎のみが残されています。これはナーラーイ王の住居として建てられていたスッタ・サワン宮殿でした。

廃墟となったプラサート・ホール

❖十二棟の宝庫　Twelve Halls for Treasures

十二棟の宝庫

貯水庫

レセプションホール

貯水庫とレセプションホールの間に十二棟のレンガ造りの建物があります。全く記録が残されていないため使用目的は明らかでありませんが、建物は窓が上方にしかないので住居ではなく、商品保管庫として使われていたのではと考えられています。十二棟は道を隔てて並んでいます。一七世紀には多くの商人でにぎわっていたのでしょう。

❖貯水庫　Water Tank

宮殿東門から奥の宮殿に続く道路の南側に貯水施設があります。現在は、側壁や屋根などが失われているため貯水することもできませんが、母水管で使われていた土管が並べられています。

❖レセプションホール　Recrption Hall for Foreign Envoys

十二棟の宝庫の南側に、外国からの賓客を歓迎するために造られたレセプション用の建物があります。この他にも、宮殿内には王族専用の象飼育舎をはじめいろいろな建物がありますが、どれも廃墟の建物といった状況です。

❖プラーン・カェーク神殿　Prang Khaek Sanctuary

ロッブリー駅から西方向に歩くと交差点の中央にポツンと見える遺跡です。ここからさらに南へ行くとプラ・ナーライ・ラーチャニウェート宮殿に出ます。

煉瓦造りの神殿が三基並び、その前方に礼拝施設などもあります。どの建物も漆喰がはがれ、下地の煉瓦も露出し、屋根も失われています。仏塔内には入れないよう鉄格子の扉が付けられています。左端の塔内にはリン

プラーン・カェーク神殿

ガの痕跡があります。

　この施設はアンコール王朝の影響下で建築されたヒンズー教関係の施設と考えられます。周囲には低い花壇を囲むような柵が巡らされ、中には芝生が貼られています。

❖チャオ・プラヤー・ウィチャエーンの家　Chao Phraya Wichayen House

　ロッブリー駅から北へ進み最初の踏切を西に曲がり四〇〇mばかり歩くと、高い煉瓦塀に囲まれたチャオ・プラヤー・ウィチャエーンの家があります。入口から中を見ると煉瓦造りの廃墟が見えます。

　ここはナーラーイ王の時代に外交関係を結んでいたフランスの大使アレクサンデル・ド・ショーモンの館として建設したものです。後に王のアドバイザーとなったコンスタレス・フォールコンがここに居住しました。彼のタイでの名前をチャオ・プラヤー・ウィチャエーンでしたので、それが呼び名になりました。

　建物は、住居、教会の礼拝堂、使節たちの宿泊所と三棟あり、ヨーロッパ風の建物ですが、礼拝堂のみタイ様式で建設されています。

チャオ・プラヤー・ウィチャエーンの家

ロッブリーの寺院

■**サン・プラ・カーン寺院**　Wat San Phra Karn

ロッブリー駅の北の踏切のすぐ東側にある寺院です。小高い山となっており、階段を上りきったところにコンクリート製の新しい建物がありま す。その建物を拝殿とするような形で寺院跡があります。ラテライトを積みあげて構築されたクメール様式の寺院ですが、がれきの積み上げられた工事現場と見まがうほどの荒れ方で放置されています。かつての建物の遺構はほとんど残されておらず、わずかに正面の扉の外枠が見えます。その前は自動車が頻繁に通る道路で、参拝者はそこを横切っていきます。たくさんの猿が群れており、猿用の遊具が設置されています。

サン・プラカーン寺院奥の寺院跡

■**バンダイ・ヒン寺院**　Wat Bandai Hin

ロッブリー駅の南西に、ナーラーイ王の時代に建設された仏教寺院があります。仏塔、建物から構成される寺院遺構で、一九三六年の調査で遺構が確認されました。仏塔は六角形の低いもので赤茶色の煉瓦で積み上げられています。後方の建物は切妻屋根の長方形の建物ですが、屋根は失われています。現在は、周囲をコンクリート製の簡単な柵で囲っています。隣接する駅から見えるのですが、駐車場に車があるため遺跡全体を見られなかったのが残念でした。

■プラ・シー・ラタナー・マハータート寺院　Wat Phra Sri Rattana Mahathat

鉄道駅の西側のすぐそばにある大規模な寺院跡です。一二世紀のクメール時代に建設されたと考えられるもので、ロッブリーでは最も高い三〇・七mの仏塔（プラーン）がありま す。この寺院と同じ名前の寺院が各地にあるので戸惑いますが、どういう関係なのかはわかりません。

拝観料五〇バーツを払うと簡単なパンフレットがもらえます。中に入ると、建物が意外と大きいのに驚きますが、どれも崩落した状態なので廃墟のイメージです。

クメール勢力の撤退後、何度となく改修が行われ、残されている建物はそれぞれの時代の特徴を残しています。プラーンやチェデイはスコタイ様式とアユタヤ様式の建物で、美しい漆喰の装飾はウー・トーン様式、さらにプラーンの東にある礼拝堂（ウィハーン）はナーラーイ王が建設したものとされています。礼拝堂の扉はタイ様式、窓はゴシック様式で造られています。現在、寺域はコンクリートの杭と柵で囲まれていますが、かつては土塀か柵で囲まれていたのかもしれません。

ロッブリーでは最も高い仏塔

伽藍建物の隅では現在も発掘調査が続けられています。調査で検出された伽藍部分の約一m下の基底面には煉瓦が丁寧に敷き詰められていました。

■プラ・プラーン・サーム・ヨート寺院　Wat Phra Prang Sam Yot

ロッブリー駅の北、約八〇〇mのところにある寺院跡です。すぐそばにサン・プラ・カーン寺院があります。赤茶色の独特なラテライトで構築された三基のクメール様式の仏塔が並び立っています。これは一

クメール様式の仏塔

三世紀に建築されたヒンズー教の寺院で、ブラマー、ヴィシュヌ、シヴァの各神を祀っています。後に仏教寺院に改修され、中央塔の前方に石仏像が安置される平屋建ての堂舎が建設されています。その堂も長年の風月にさらされて相当荒れています。

境内北西部域にも柱痕跡が残る小型の長方形建物の基壇部分の跡がありますが、建立時期や堂の性格などは明らかではありません。周辺の道路より三mほど高い台地のようになった平坦部に仏塔建物が並んでいます。

小さめの野生の猿が多く群れ、観光客に餌をねだっています。また直射日光の当たるところはさすがに暑いのか、建物の陰などで涼んでいる猿も多くいます。

■ナコーン・コサ寺院　Wat Nakhon Kosa

ロッブリー駅の北東にある寺院遺跡です。駅からは線路を横切ると近道です。三つの時期の建物が見られます。最初の巨大なパゴダはドヴァーラヴァディー時代のものです。次にロッブリー様式かクメール様式のものがあります。最後はアユタヤ時代のもので、ナーラーイ王によって修復が行われています。

現状は、方形の台座の上に築かれた煉瓦造りの大仏塔と、煉瓦造りの格子窓を伴う本堂、上部が崩落した背の高い仏塔から構成されています。この仏塔の側面には美しい大理石仏立像が見られます。この寺院は一九八七年から一九八

ナコーン・コサ寺院

八年に調査が行われています。

■インタラ寺院　Wat Inthra

ロッブリー駅から北へ向かって線路の西側の道を行くと、すぐに小高くなった部分があり、ここに寺院遺跡があります。この寺院もナーラーイ王の時代に建設されたものです。

現状はほぼ正方形に近い煉瓦積みの建物が残されており、正面の入口の左右に格子窓が穿たれています。側面にも格子窓がありますが、建物の上半分は失われています。正面にある表示板には「Wat Inthra」、域内の説明板には「Wat Indra」とあります。どちらが正しいのやら?

【世界遺産】アユタヤ　Ayutthaya

バンコクから北へ約八〇km、タイ中部にあるアユタヤは、一三五一年にウートン王によって遷都されて以来、一七六七年にビルマの侵攻で壊滅的な打撃を受けて滅亡するまでの間、アユタヤ王朝の都とされてきました。チャオプラヤー川とその支流に囲まれた中洲という地形は自然の要塞として外敵から都を防御してきました。また水運に恵まれ、一七世紀初めにはヨーロッパと東アジアを結ぶ国際貿易都市としても繁栄しました。中央集権制度や国際的貿易振興策は近代国家の基盤を築いてきたもので、後のバンコク王朝にも引き継がれていきました。

現在では、かつての繁栄を忍ばせる多くの仏塔をはじめ、寺院跡や歴代王朝の離宮などの遺跡が遺跡公園として整備されており、一九七一年にはユネスコの世界遺産に登録されています。またアユタヤ地域遺跡からの出土遺物を収蔵展示する国立博物館もあり、古都アユタヤには世界中から観光客が訪れています。

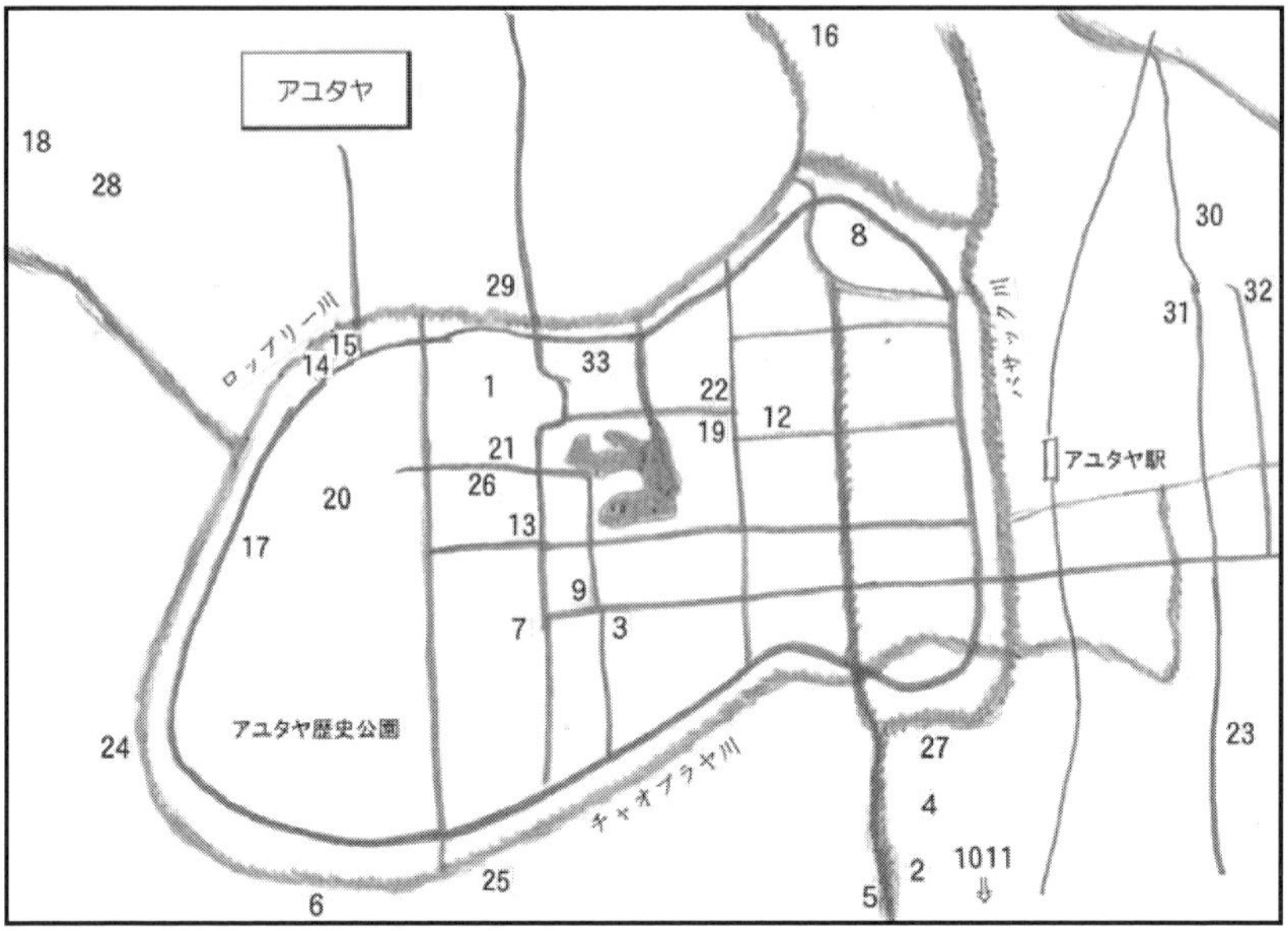

1　王宮跡　2　日本人町跡、アユタヤ歴史研究センター分館

3　アユタヤ歴史研究センター　4　オランダ人町跡　5　ポルトガル人町跡

6　フランス人町跡、聖ヨゼフ使徒教会　7　アユタヤ観光センター

8　チャンタラカセーム宮殿（国立博物館）　9　チャオ・サーム・プラヤー国立博物館

10　バン・パイン宮殿　11　バンサイ王室民芸品センター　12　タイ船舶博物館

13　クンペーン・ハウス　14　プリディ・パノムヨン記念館　15　ミリオン玩具博物館

16　象囲い施設　17　スリヨータイ王妃記念館、スリヨータイ王妃のチェディ

18　スリヨータイ王妃の記念像　19　マハタート寺院　20　ロカヤスタ寺院

21　プラ・シー・サンペット寺院　22　ラーチャブーラナ寺院

23　ヤイ・チャイ・モンコン寺院　24　チャイワタナラーム寺院

25　プッタイサワン寺院　26　プラ・モンコン・ボピット寺院

27　パナン・チェーン寺院　28　プーカオ・トーン寺院　29　ナー・プラメーン寺院

30　アヨータヤー寺院　31　クデイーダーオ寺院　32　マヘーヨン寺院

33　タンミカラート寺院

❖アユタヤ王宮跡 Ayutthaya Royal Palace

アユタヤ歴史公園の区域内にあるプラ・シー・サンペット寺院の北側にアユタヤ王国の王宮跡があります。この寺院は王家の菩提寺です。

王宮はウートン王によって一三五〇年に建設されました。最初の宮殿は一四二六年に火災によって焼失してしまいますが、その後再建されます。その後も歴代の王によって増築が繰り返されてきました。しかし一七六七年、ビルマの侵攻によってそれらは徹底的に破壊され、その後は放置され、現在ではプラ・シー・サンペット寺院の仏塔や建物が一部残されているのみです。ちなみに、トンブリーやバンコクの築城の際には廃墟の煉瓦などの建築材がわざわざ運ばれ、再利用されました。

復元された建物

王宮の外域の大半は広場で、大規模な軍事集会などに使われていたようです。東側にはタンミカラート寺院、ラーマ池、王の厩舎などが建てられていました。西側は二段構成の城壁があり、その上に見張りのための衛兵の通路、内側に道路と運河がありました。

王宮の中央にはウィハーン・ソムデット宮殿、サンペット宮殿、スリヤートマリン宮殿がありました。これらは基壇のみ残されています。王宮の宮殿部分にはバンヨンラタナート宮殿とトリムック（三方）殿がありました。

アユタヤ王宮跡

このほかにも建物があったとされ、金箔が貼られ、ガラスの象嵌、朱塗りなどで表面が装飾され、加えて草花文や動物文様の彫刻などを刻んだ装飾で飾られて、様々な樹木が植えられた大小の庭園があったとされています。

❖日本人町跡　Japanese Settlement

アユタヤは一三五一年から一七六七年までの間、シャム王国の都として栄えていました。とりわけ一六世紀末以降は多くの外国人が渡来し、交易の中心としても活況を呈していました。外国人の多くは貿易に携わる商人でしたが、キリスト教宣教師やアユタヤの王宮に仕える義勇兵もいました。その中には日本人もいました。

一六世紀以降、東南アジア各地に外国の交易船がやってきます。アユタヤ王朝は国人に居留地を与えました。日本も朱印船貿易に乗り出し、アユタヤには三〇〇〇人もの居留民がいたとされています。アユタヤの日本人町の歴史の中で指導者として知られているのは、オークプラ・純会、城井久右ヱ門、山田長政、糸屋多右ヱ門、平松国助、木村半右衛門、アントニオ善右衛門などです。なかでも山田長政は有名です。

❖アユタヤ歴史研究センター分館　The Annex of Ayutthaya Historical Study Center

日本人町跡の入口近くにある白い近代的な平屋の建物です。

ここでは九つの場面を設定して、アユタヤにおける日本人の軌跡を展示して

日本人町跡の碑

アユタヤ歴史研究センター分館

います。まずアユタヤのさまざまな姿のビデオ展示です。次に、かつてのアユタヤの地図の拡大写真が壁面全体を使ってパノラマで展開されています。この地図はナーラーイ王時代の一六六三年、オランダ人のダーフィット・フィンボーンとヨハネス・フィンボーンによって油絵で描かれたものです。アユタヤを描いた最も古く美しい地図とされています。レンガの城壁に囲まれた寺院、王宮やレンガを敷き詰めた道路、網の目のように張り巡らされた運河などが細かく描かれており、「東洋のベニス」という表現が当てはまるようです。原本はオランダ・アムステルダムの国立博物館に収蔵されており、かつてはオランダの東インド会社の本社大会議室（十七人の重役会）を飾っていたそうです。この地図からかつての航路が理解できるでしょう。

次は「アユタヤの繁栄」です。扇形の展示室に過去から現在に至る地図と航空写真が浮かび上がっています。ここにアユタヤを「Iudea」と書いている地図があります。主要な建物が揃っている時期を描いたもので、アユタヤが美しく表現された地図です。次にド・ラ・ルベールの著書に描かれた地図で、そこには多様な民族が居住していたナーラーイ王の時代のアユタヤが描かれています。ちなみに、ここに展示されている航空写真は二〇〇六年現在の状況のものだそうです。奥壁の前方などにはアユタヤ時代に輸出入されていた物産が展示され、当時の陶器や毛皮、象牙などがうず高く積まれた倉庫風のジオラマもあります。これは当時の日本人町で交易されていた商品で、世界各地に輸出されていたものです。このほか日本刀や扇子などが日本的なものの象徴としてガラスケースに並べられています。

展示室の前列には、アユタヤにあった外国人コミュニティの成立の背景、すなわちなぜ彼らがここに住むようになったのか、あるいは生活様式の違いや信仰などの情報が集められています。そこに見られる民族、国籍はモン、クメール、ラオス、ベトナム、中国、日本のほか少数民族やイギリス、フランス、ポルトガル、オランダなどの人々です。展示室右手の奥にはアユタヤの日本人コミュニテイが表示され、銅器、

陶器の展示

日本刀の展示

日本人社会、生活様式、信仰などのほか本国の鎖国によって日本人自体の減少などの様々な問題をアニメを用いて解説されています。入口右手の一室ではＰＣが設置されており、アユタヤに関する資料検索が行えるようになっています。またその手前の部屋では出版物などの紹介が行われています。ただし販売される本は少ないように感じました。

館の外では長崎県平戸市松浦史料博物館所蔵の「異国船絵巻」などをもとに、金属板を切り抜いて表現した各国の貿易船を見ることができます。二〇一六年五月中旬の訪問時点では日本人町発掘調査委員会によって庭園と分館との中間で地下の調査が行われていましたのでのぞき込んでみました。地表面から三〇～五〇cm程度まで洪水で運ばれてきた堆積土の層があり、その下層に陶磁器などの遺物包含層が一〇～二〇cm程度認められました。

■別館2（第二展示室）

二〇一一年の洪水被害があった当時、日泰協会が運営するショップで地元の工芸品などが販売されていました。二〇一六年五月の訪問時は、建物の外観は以前と同じでしたが、中は大きく変わり、別館２となっていました。以前と変わらないのは、山田長政のブロンズ像だけでした。

長政像の左側には、ターオ・トーンキープマー（マリー・ギオマール・デ・ピーニヤ）と呼ばれる女性の像があります。この女性は日本とポルトガルの血を引くカトリック教徒で、ポルトガル村に住んでいました。マリーはアユタヤ王朝の武官と結婚、紆余曲折の末、官位と欽錫名（タイの官位制度バンダーサックの下に付ける名前のこと）を与えられ、王宮の菓子料理長となっています。このときポルトガルの菓子をタイに伝えています。フォーイトーン、トーンイップ、トーンコートなどがその伝えられたお菓子です。アユタヤのお菓子は、粉と砂糖とヤシ汁を基礎に作られていますが、彼女はポルトガルの菓子作りの知識を応用して卵を混ぜて作りました。

この建物の広いオープンテラスには、かつての日本人町の小型の模型と、二〇一一年のチャオプラヤ川の洪水被害の写真パネル展示があります。

■日本庭園

日本人町跡に造られた日本庭園が、日本の雰囲気を醸し出しています。ちなみに、この庭園は総合庭園研究室㈱の中島寛久氏が設計した「優雅、静寂」を強調した庭園です。日本の川と海を表現しているそうで、広大な海を表した石庭が中心にあり、それなりの雰囲気は感じ取れますが、休憩所の建物と石灯籠が一基ぽつんと置かれているだけです。

■山田長政の墓

山田長政は静岡県の出身とされています。日本人義勇隊長としてソングタム王の寵愛を受け、爵位をさずけられました。一六二八年の王の死後は二人の王子に忠誠を尽くしました。その後、南タイのナコン・シータマラートで起きた叛乱を鎮圧し、その地の太守となりましたが、まもなくそこで亡くなりました。毒殺されたという説もありま

日本庭園

山田長政の墓所

す。

この山田長政の墓が日本人町跡の敷地内にあります。小さな祠が作られ、その奥壁に木製の供養塔のようなものがあります。以前の訪問時には日本からやってきた人々の長政追善供養の木製札もありましたが現在は見られません。ここが本当に山田長政の墓かどうかは定かではありませんが、遠く祖国を離れた地で眠る往古の国際人に敬意を表したいと思います。

❖アユタヤ歴史研究センター　Ayutthaya Historical Study Center

一九九〇年八月、日本とタイの修好百年を記念して完成した近代的な建物です。アユタヤの歴史を研究、紹介する施設です。オニバスと睡蓮が咲き誇る人工池の中に浮かんでいるように見えます。玄関には日本政府の協力で建てられたことを示す記念板があります。

入口を入ると煉瓦で作られたモニュメントがあり、その上に銅版に刻まれた地図が置かれています。展示室正面にはアユタヤ市街地のジオラマがあり、左右のテーマ展示へと続きます。展示は、「王都アユタヤ」「港湾都市アユタヤ」「政治権力と統治の中心アユタヤ」「昔のタイの村人の生活」「アユタヤと諸外国の関係」の五つのテーマに分かれています。

「港湾都市アユタヤ」のコーナーでは、珊瑚や香辛料、陶磁器など中世アユタヤの交易品が紹介され、一五～一六世紀に活躍した貿易船ジャンクの模型展示があります。この模型は日本の絵をもとにして復元されたそうです。「ポンヘット砦」のジオラマは、フランス人宣教師ジャン・ド・クールウィンが描い

アユタヤ歴史研究センター

た地図を元に復元されたもので、チャオプラヤー川とパサック川の合流地点で栄えた港湾都市の様子がよくわかります。

「昔のタイの村人の生活」のコーナーでは、出産、子供の剃髪、結婚、葬儀という人生の通過儀礼を一五〇分の一のジオラマでコンパクトに紹介しています。また当時の住居を復元した高床住居では、その内部にも入ることができ、人々が日常的に用いていた食器や什器などが並べられています。

❖オランダ人町跡　Dutch Village

日本人町跡の近く、スワンプール運河の北側のチャオプラヤー川東岸にオランダ人町の跡があります。現在は、かつての建物の基礎部分と、新たに建てられた洋館風のコーヒーショップがあるのみです。

ここにはアユタヤ全盛期に東インド会社のアユタヤ（シャム）支店が置かれていました。かつてはここを中心に国際貿易が繰り広げられており、それを示す記念碑も建てられています。北隣には造船会社のドッグが残されています。今もなお船の修理が行われています。

❖ポルトガル人町跡　Portugues Village

チャオプラヤー川を挟んで日本人町の対岸にかつてのポルトガル人町跡があります。当時の絵図によると、東端がチャオプラヤー川に面し、残りの三方向は

ポルトガル人町跡

濠が掘られていました。面積は〇・五平方キロあり、キリスト教のコミュニテイが形成され、この町だけで神父が一一人常駐していたとされています。ナーラーイ王の時代にりのポルトガル人六〇家族余りが渡来したと記録されています。

ポルトガル人はアユタヤ王宮の義勇兵、傭兵として入国しています。その背景は鉄砲や大砲の使用技術をアユタヤ王朝が必要としたからでしょう。最大約一八〇名ものポルトガル人傭兵がいたとされています。

現在は、煉瓦で構築された建物の基礎と墓地が残されています。墓地は発掘調査で見つかった人骨の埋葬群の上に覆い屋建物を建てて遺構の保存をし、出土遺物や調査時の写真パネルなどが展示されています。

保存されている墓地遺構

❖ フランス人町跡　French Village

フランス人町はアユタヤ島外、チャオプラヤー川の南にありました。ナーラーイ王時代の一六六二年、フランス人司教がアユタヤに教会と神学校の建設を申し出たことに始まります。フランスは一六八五年、一七八七年の二度にわたって外交使節団を派遣し、その甲斐あってフランスはチャオプラヤー川岸に商品倉庫の建設する許可を得ています。

❖聖ヨゼフ使徒教会　Saint Joseph Catholic Church

この教会の土地はナーラーイ王から下賜されたもので、教会建設用の煉瓦や木材などの提供も受けました。しかし一六八八年の政変に伴い、国王をキリスト教に改宗させようとする動きがありました。これが原因でフランスとシャムとの公式な国交は途切れることになります。さらに一七三一年には、教会側と仏教界、貴族層との対立により、ターサー王は司教、神父の禁止事項四項目を石に刻ませ教会の前に建てさせます。禁止条項とは、シャム人・モン人らに対する説教、改宗、布教書の翻訳、仏教への誹謗などの禁止でした。

三〇年後、アユタヤへのビルマ軍の攻撃に際し、フランス人町には多くのキリシタンが移住し大きな兵力を持ち、聖ヨゼフ陣地と化していました。やがてアユタヤ滅亡の一五日前、この陣地はビルマ軍の攻撃を受け灰燼に帰します。六〇年後ラーマ三世の時代にフランスから渡来したパルコア司教により、教会は元の地で復活し現在に至っています。

正面に高い望楼を伴う教会は、外壁の黄色と白の目立つ色調と建築様式が前庭の池の水面に映っています。アユタヤ地域で異色の世界を見せています。

聖ヨゼフ使徒教会

❖アユタヤ観光センター　Ayutthhaya Information Center

一九四一年建設の旧アユタヤ県庁舎を改修して二〇一二年にオープンしたアユタヤ地域の観光案内セン

アユタヤ観光センター

ターです。二階建ての白い近代的な建物で、建物の前面にウートーン王、スリヨータイ王妃などアユタヤに関連した六名の王、王妃、勇者の上半身ブロンズ像が置かれています。

一階が観光案内施設、集会施設で、突き当たりに観光案内所があります。ここには係員が常駐し、寺院や遺跡の案内、ガイド・ブックや地図を無料で配布しています。

二階は特別室や公務用の部屋のほかにアユタヤの歴史のガイダンスのための展示施設があります。名所旧跡などの写真パネルがたくさんあります。センターに近接して博物館があるので出土遺物などの実物資料はほとんどありません。子供たちにもわかりやすくアユタヤの歴史を紹介したジオラマでは、チャオプラヤー川の水運と船着き場の風景が見られます。このほか、土産物の小物を扱う店がありますが、この展示施設の案内パンフはありませんでした。

❖チャンタラカセーム宮殿（国立博物館）

Chantarakasem Palece National Museum

周囲を白く塗られた塀に囲まれた城塞とでも呼べるものです。一五七七年にマハータンマラーチャー王が当時の副王であったナレースワン王子のために建設した宮殿です。またナレースワン王がピサヌロークを統治していた時期には、時々アユタヤに戻ってこの宮殿に滞在したそうです。王の近侍の貴

チャンタラカセーム宮殿

族達からは、この宮殿が「梅檀《せんだん》の宮殿」と呼ばれていたそうで、それは香りの良い梅檀の木を材料として建築されたことに由来します。やがてビルマ軍の侵攻によって、これらはすべて破壊されてしまいました。

その後、ラーマ四世によって一部が修復されましたが、元の姿ではありませんでした。なおこの宮殿の名前をチャンタラカセームと表現したのはラーマ四世でした。ラーマ五世がバンパイン宮殿の再建が終わるまでの間、夏の離宮として使われていた期間もありました。また一時期、この地方の役所の建物として使われたこともありました。一九三六年から博物館として公開されています。

■四面休憩所

入口の左手すぐにある建物は四方に出張りの部屋を持つ休憩所で、二棟が連なっています。ラーマ四世時代の建築で、正面の謁見の間は執務を行う場所として使われ、奥の間はアユタヤ滞在中の居間として使用されました。部屋の中央には王にさしかけられる傘が備えられ、モンクット王はこの場所を王座としました。室内には中国様式の黒檀の家具や調度品が置かれ、クメール様式のナーガが後背部分にある石仏などの仏像が安置されています。

■ピーマンラッタヤー宮殿

正面奥にあるこの建物は一八九九年からアユタヤ州の庁舎として使用されました。現在は博物館展示室の一つとしてアユタヤ時代の仏像などが数多く展示されています。

四面休憩所内の王座

石　仏

■ピサイサンヤラック宮殿（天文台）

左手奥に白い四階建ての塔のような建物があります。以前訪問した時は基礎部分が冠水しており、水に浮かぶ塔という雰囲気でした。星を観察するためラーマ四世モンクット王がナーラーイ時代の古い土台を生かして建てさせた天文台です。どのような観測機械があったのかはわかりません。

■アユタヤ州地方事務所（博物館展示室）

右手の塀に沿って細長い平屋建ての木造建物があります。この建物はラーマ五世の時代にアユタヤ州の地方事務所として建てられました。内部には経典を収納した経典箱が置かれています。表面には金箔が貼られ、黒や朱漆が塗られ、仏像、仏教神話の世界、花鳥などの美しい文様が施されています。

このほか民俗資料などが多数置かれていますが、多くの展示品がケースにではなく露出状態で並べられています。ゆったりと見学できますが、展示品の解説などは見られませんでした。

❖チャオ・サーム・プラヤー国立博物館
Chao Sam Phraya National Museum

アユタヤ地域では最も重要な博物館とされています。博物館は三つの建物

アユタヤ州地方事務所

ピサイサンヤラック宮殿

から構成されています。これらのうちメインとなるものはチャオサームプラヤー館と呼ばれる建物で、広々とした敷地の奥にある白亜の二階建ての建物です。

■チャオサームプラヤー館

博物館の中心的建物で、ほとんどの訪問客は、注意深く案内表示を見ないと、この建物だけが博物館だと勘違いしてしまいます。外側面テラスには三点の石製仏頭が展示されています。像顔面の一部ですが、完全な形で残っていれば相当大きな仏像でしょう。

入口では靴を脱いで入ります。すぐに売店を兼ねたチケット・ブースがあります。各種のガイドブックがありますが、英語や日本語のものはほとんどなく、大半がタイ語で書かれたものです。どこから来たのかと尋ねられたので「日本」と答えると、「アユタヤ」と日本語で書かれた小さなガイドブックを出してくれました。アユタヤ県が作成したもので、観光案内センターでも配布しているものでした。

展示室一階は正面に大きな石仏頭部、左手のガラスケース内に仏像が並べられています。石像、銅像が多く、三〇～四〇㎝の小型の仏像の表面には金箔が残っています。このほか、やや大きな仏像が三体展示台の上に置かれ、反対側の壁面には扉や建物の装飾彫刻が並べられています。材質はチーク材やラワンのような熱帯の木材で、ややきめの細かさに欠けるようです。

チャオサームプラヤー館

中央部が吹き抜けとなっており、二階のテラスにスワンカローク焼などの陶磁器、青銅製の小型容器、装飾品に加工された玉製品などがケース展示されています。また、大きな仏像、青銅製の押し出仏の復元作業の写真パネル、コインなどが展示されています。また、一〇m四方の正方形の部屋には金銅製品が集められています。鳥や馬をモチーフにデザインされた黄金製の装飾品です。この豪華絢爛たる装飾品は寺院の壁面などを飾るために用いられていたと考えられます。大型の壺や高さ二mの仏塔などの黄金色に輝く金銅製品もあります。詳細な説明はありませんでしたが、どれもアユタヤ地域の寺院から出土したものです。

タイ式屋敷展示館

■タイ式屋敷展示館

池の中に建てられたタイ式屋敷は、門を入ると二棟の建物があります。タイの典型的な家屋を保存するためにこの建物では王妃に関する展示が行われており、右手の建物内部ではアユタヤの考古遺物やアユタヤを紹介するパネル展示が行われています。タイの伝統家具など民具類も展示されています。

■タイ国美術展示館

タイ国美術展示館ではアユタヤ地域で収集された各時代の美術品などが展示されています。

左右に大きなガラスケースが配置されています。また正面奥には両端に花を飾った仏像が安置されています。右手のケースには、茶色の生地に朱

タイ国美術展示館

色の文様を施した彩陶の壺や小型の土器が多く並べられています。世界遺産に登録されているバンチャン遺跡から出土する彩陶は特に有名です。次に土器で造られた小型の人形があります。よくよく見ると子供を抱いた女性像や仏像、神像、鶏・犬・象などの動物を表現しています。陶器や磁器では、中国の影響を強く受けていると考えられる青磁、白磁の壺や鉢、白い生地に藍色で文様を施した染付、青花の製品があります。金をまじえた彩色が美しいベンジャミン焼の鉢や壺も見ることができます。

スコタイ時代の施釉された土人形や瓦類、アユタヤ時代の土製仏像など多様な作品群もあり、十分楽しめる展示です。また素朴なものでは、炊事用コンロの素焼きの焼き物が一つのケースを埋めています。反対側の壁面にはドヴァラーヴァティ時代のブロンズ仏像、シャエリーヴィジャヤ時代のブロンズ製仏頭、ロッブリー時代のクメール様式のブロンズ仏像などが置かれています。

❖バン・パイン宮殿（夏の離宮）Bang Pain Palace

アユタヤの南に三〇km、チャムプラヤー川の中州に構築された王宮です。おおよそ一三〇年以前のラーマ五世チュラーロンコーン王の時代にはタイでも西洋風文化が取り入れられるようになります。その代表的なものがこの宮殿で、王族が夏に利用することから、「夏の離宮」とも呼ばれています。

王宮中央にはいくつかの島のある広い池があります。ここにあるユニークな建物を紹介します。

■ワローパート・ピマーン宮殿

一八七六年建造の、ギリシャ風の柱が特徴のネオクラシック建築の建物で

バン・パイン宮殿

す。グランドホールにはサウエッツタチャート玉座が収められ、宮殿内の最も重要な建物の一つです。国王が避暑に行幸する際は謁見の間として使われます。

■ウェーハト・チャムルーン宮殿

天明殿とも呼ばれる大きな二階建ての建物です。一八八九年、タイ在住の華僑たちが出資してラーマ五世に献上したもので、中国式の豪華な造りです。この建物の資材や彫刻は中国から取り寄せたもので、建設に携わった大工たちも中国本土から呼び寄せられました。中国芸術の粋を見ることができます。

■ウィトウンタッサナーの塔

一八八一年、ラーナ五世時代に建築された、円柱のようにも見えるポルトガル様式の奇妙な建物です。ウェーハートチャムルーン宮殿から橋を渡った小島にあります。朱色と黄色に塗り分けられた派手な彩色が特徴で、物見櫓か展望塔だったと思われます。

ワローパート・ピマーン宮殿

ウェーハト・チャムルーン宮殿

ウィトウンタッサナーの塔

■アイサワン・ティッパヤー・パビリオン

宮殿の池の中央に築かれているこの建物は、バンコクの王宮にあるアーボンピモーク殿を模した水中御殿です。陸軍元帥の衣装を着けたラーマ五世の原寸大のブロンズ像が中央に安置されています。

■スナンター王妃の追悼碑

宮殿の一角にひっそりと建っています。一八八〇年、ラーマ五世の王妃スナンターの乗船した船が遭難し沈没し、妊娠中の王妃は水死してしまいます。とくに寵愛した王妃の死を悼んだラーマ五世はタイ語と英語で弔文を大理石に刻んでこの地に追悼碑を建てました。隣りには、サヲヴァパーク・ナリラッツタナー王女と三人の子供の追悼碑もあります。

■テワラート・カンライ門

各宮殿へ続く入口に建てられた門です。コリント式ネオクラシック様式のデザインが特徴です。中では王に関連する資料展示が行われています。かつては馬車が展示されていましたが、二〇一六年訪問時は衣

アイサワン・ティッパヤー・パビリオン

スナンター王妃の追悼碑

テワラート・カンライ門

装類が展示されていました。

■そのほかの建物

このほか宮殿内には、モンティエンテーワラート尖塔祠と呼ばれるプラサワートトーン王を祀ったプラーン型祠や、プラサワートトーン王が一六二二年に建立したチュムポンニカーヤーラーム寺院などがあります。

さすがにタイ王室の離宮だけあって、広大な敷地の宮殿をめぐるにはかなりの時間が必要です。

❖バンサイ王室民芸品センター
Bangsai Arts and Crafts Center

タイの工芸がここですべてわかるというキャッチコピーにつられてやってきました。一四エーカーという広大な敷地の中に建物が分散しています。

■サハプラミンクワン（本館）

エキシビジョンホールとも呼ばれるセンターの中心の建物です。四層構造の屋根の左右対称の建物です。このセンターやほかの地域で創られた工芸品の展示、販売が行われています。

■淡水魚水族館（ワン・プラー）

タイ最大の規模を持つ淡水魚水族館で、水道局が管轄しています。建物は八角形のコンクリート造りです。入口には長さ一・五mを超える淡水魚の剥製が

バンサイ王室民芸品センター

淡水魚水族館

置かれています。螺旋状の通路を進むと円筒形の大きな水槽と長方形の水槽が見えてきます。タイ北部から中部の平野を貫流する大動脈、チャオプラヤー川の魚の生態系を見ることができます。すべて淡水魚ですが、さすがに熱帯地域の魚類は大きさが半端ではありません。

近年では日本河川でも捕獲されているアリゲータガーと呼ばれる北アメリカ原産の淡水魚は、全長が二mになるという世界最大級の淡水魚です。この館のものはまだ一m前後ですが、これが近くの川に生息したら……。淡水ウナギは全長一五〇cmになるそうで。ここの水槽にはそれに近いウナギがいます。このほか、鯉、淡水エイなどこの地域に生息する多くの種類の魚類が飼育されています。

■バードパーク

淡水魚水族館の反対側に木々が茂る一帯があります。ここがバードパークです。一〇バーツを支払って入りました。入口右手にダチョウの飼育場があります。中央に大きな円形ゲージがあります。二重構造で鳥が逃げ出さないように工夫されています。中央に池があり、その周囲に見学者用遊歩道が設けられています。野鳥の姿はあまり目にしませんでした。暑さを避けて木陰にでもいるのでしょう。小さく区分されたゲージで、東南アジア地域に生息するサイチョウ、孔雀、鷹などが飼育されていました。

■手工業トレーニングセンター棟

センター本館の右手に切妻屋根の建物がバンガローを並べたような状態で建

バードパーク

手工業トレーニングセンター棟

てられています。ここは手工業の分野別にトレーニングを行う場所のようです。人形や仮面などの伝統工芸、竹細工などの民俗製品、陶磁器、木材工芸、家具調度などと看板が掲げられていています。制作風景を見せているところもありましたが、作品のみを積みあげているところが多いようです。

■王室別荘

センターの入口近くにタイの伝統的構造の木造建物群があります。王妃をはじめ王族がこのセンターを訪問した際に休憩所として使われるとのことでした。建物の周りには、小さな滝のある庭園が造られており、花や植木の手入れが行き届いているようでした。

❖タイ船舶博物館 Thai Boat Museum

アユタヤ市街地の民家をそのまま利用した、個人が設立した博物館です。博物館名の看板は注意深く見ていないと見過ごしてしまいます。開館時間のはずなのに入口にカギがかかっていました。何度もインターホーンを押すと、ようやく女性が現れ、ようやく中に入ることができました。

博物館のオーナーであり創立者のパットーン・クワオマイラさんは、アユタヤの農家の生まれで、そこで成人したという、根っからのアユタヤ人です。三九年間勤務したボートづくりの学校の先生を退職した一四年前に、ずっと親しんできた川船に関する資料や模型などを展示する博物館を開いたと

タイ船舶博物館

王室別荘

いうことです。長年の成果は立派な本にまとめられています。

門を開けてくれたのがオーナー夫人で、館内を案内してもらいました。展示されている船は丁寧に補修してあり、いつでも川に浮かべられるものばかりです。居住用にも使われていた大型の船舶や少人数で手漕ぎする伝統的な小型のものが見られます。解説がないので詳細はわかりません。

オーナーに会うことができました。ご夫婦ともにかなりの高齢のようですが、満面に笑みを浮かべながら、著書を手にいろいろと説明してくれました。差し出された芳名帳に記帳し、少しの志を置いて館を辞去しました。

❖クンペーン・ハウス　Khun Phaens House

アユタヤ島のほぼ中央にタイの伝統的な民家風の建物があります。この高床式建物はアユタヤが最も繁栄していた頃の民家を復元したものです。ラーマ二世時代の物語『クンチャンとクンペーン』の描写をもとにこの建物が再現されています。栄光の時代の文化と暮らしを垣間見ることができますが、小さな炉に置かれた素焼きの壺など数点が展示されているだけなのが残念です。

クンペーン・ハウス

❖プリディ・パノムヨン記念館　Pridi Phanomyong Memorial

アユタヤ島の北西部ロッブリー川の南岸にあります。プリディ・パノムヨンは一九〇〇年にこの地に生まれました。法律学校を卒業し、国王奨学金を得てフランスに留学し経済学を修めます。一九三二年の民主革命では人民党の文民派リーダーとして頭角を現し、人民代表議会初代事務局長となっています。やがて内務、大蔵、外務大臣を歴任し、ラーマ八世王の摂政を務めました。その後総理大臣、元老となり、タイ国最初の法律学校（現在のタンマサート大学）を設立します。一九四九年以降の政治的激動によって海外各地での生活を余儀なくされ、一九九八三年フランスで客死しました。やがて彼は世界的偉人の一人に選ばれ、二〇〇〇年には生誕一〇〇年記念事業としてこの記念館が設立されました。

記念館は一〇〇年を経た伝統的な純タイ式の民家で、プリディ・パノムヨンの肖像（ブロンズ像）や帽子などの愛用品。著書、生前の様子や家族・親族を撮影した写真パネルが壁面を飾っています。ベトナムのホーチミン主席との記念写真もあります。

展示館の後ろの円形の池に六本の柱に支えられた記念碑があります。池は「平和」を、六本の柱は人民党の綱領六項目を表しており、彼の掲げた理想を示しているとされています。

❖ミリオン玩具博物館　Million Toy Museum

プリディ・パノムヨン記念館の西側にこの博物館の建物があります。この二つの建物は同じ経営者ではないかと思われます。計量鉄骨造り、二階建て

ミリオン・玩具博物館

プリディ・パノムヨン記念館

ミリオン玩具博物館

の構造で、博物館の建物としてはあまり費用をかけていないような気がします。建物の外には山のように陶器が積み重ねられ、入口前の芝生広場には象の陶器製の椅子や机などが多く無造作に並べられています。

入口で靴を脱いで上がると、正面に黄金のガネーシャ像があり、奥の一画にはミュージアム・ショップがあります。一階は五〇〜一〇〇年前までの古いおもちゃで、材料も木製、焼き物（土）、セルロイド、プラスチックなどさまざまです。製作地も日本、タイ、中国、アメリカ、ドイツ、フランスなど多様です。展示品をみてみましょう。おなじみのものとして高さ五〇㎝ほどのセルロイド製のキューピー人形があります。台の上に一〇点並べられています。次にキティ人形があります。可愛いいウサギのキャラクターで知られているものですが、ガラスケース内に五〇〇個は詰め込まれています。美しい着物を着用した人形もガラスケースに入れられていますが、これも雑然と詰め込んだという感じです。

二階では一〇〇年以上前のタイの生活様式を示すものが展示されています。このほか、日本の戦国時代には珍重されたタイの中世陶器スカンクロワーク焼の小型壺や青磁、白磁、染付、液体容器用の瓶、甕などがガラスケースに詰め込まれています。少し洗浄すれば十分鑑賞に堪えるものばかりなのですが、あまりに量が多いせいか、何もされていないのが残念です。また、このフロアにはウルトラマンの等身大人形が一〇体並べられ、ほかにもドラえもん、ドラミちゃん、鉄腕アトムなど懐かしいキャラクターがたくさん見られました。

❖象囲い施設

アユタヤでは象が人々の生活と密接な関係を持っていました。野生のものを柵に追い込み捕獲するのですが、姿の美しい象は国王に献上され、たくましい象は戦争で使われました。現在では象を追い込む習慣はすたれていますが、ここでは象の飼育、訓練が行われています。多くの象が飼育され、訓練する象使いや家族も居住しています。王族たちが訓練の成果を見るための施設として象柵があります。かつての象柵は、周囲を木杭の柵で二重に囲った正方形のもので、中央にガネーシャを祀る祠がありました。王侯貴族のための屋根付き貴賓席もスタンド最上段に設けられています。一九〇三年、ラーマ五世は外国の賓客を招いてここで象狩りの儀式を行っています。

❖スリヨータイ王妃のチェディ
Queen Sri Suriyochai Chedi

スリヨータイは第一六代マハーチャクラバット王の王妃であった女性です。夫である王を守り、外国の侵略に立ち向かった勇敢で犠牲的精神に富むタイ女性の鑑として悲劇のヒロインとして描かれ、タイ王

象囲い施設

王妃のチェディ

朝史の中で輝いています。この王妃の物語はタイで映画化され好評を博したということです。その王妃の死を悼んで作られた仏塔がアユタヤ島の西側、チャオプラヤー川の沿岸に建てられています。現在は王室の守衛人によって警備され、域内にはスリヨータイ王妃記念館が建てられ、内部が公開されています。

❖スリヨータイ王妃記念館

王妃のチェディの手前に三棟連接の平屋建ての建物があります。これが王妃の顕彰施設です。

四つの部屋が展示室として使われています。中央の部屋には船上で勇敢にふるまう王妃を描いた絵画が掛けられ、その前方には王妃のブロンズ像が建てられている丘のカラー写真パネルが飾られています。左側の小部屋にはこの地域から出土した石仏の頭部や石製品がひとまとめに並べられています。しかし説明パネルはありません。

❖スリヨータイ王妃の記念像

象の周囲を警護する四名の兵士、象の御者に守られながら、象の背にまたがって勇敢に戦った王妃の姿を描いたブロンズ像がひときわ高い丘の上に建てられています。周囲には建物もなく、見物客もおらず、献花用の花を販売する女性が数人いるのみです。おそらく

スリヨータイ王妃記念館

スリヨータイ王妃の記念像

普段は観光客や花を手向けに来る人たちでにぎわっているのではないかと考えます。ちなみにツーリストセンターで配布されていたパンフレットにもこの記念碑が大きく乗せられており、重要な観光スポットのようです。

アユタヤの寺院

仏教国タイのなかでも、アユタヤは仏教が全地域にわたって流布していました。三三人の歴代王が創建した寺院がたくさんありましたが、ビルマの侵攻によって大半が焼失してしまいました。多くの建物が煉瓦やラテライトによって基礎が作られていたので、その痕跡は今も残されています。かつての場所に再建されたものや修復工事が進んでいるものもありますが、多くは荒れた状態のまま放置されています。

一九九一年、ユネスコの世界文化遺産に登録され、注目が集まっており、世界各地からの訪問客が絶えませんが、料金徴収設備の設置などには熱心なようですが、肝心の遺産の保存・修復という面ではまだまだこれからという状況です。

マハタート寺院

■マハタート寺院　Wat Mahathat

アユタヤのガイドブック、タイを紹介する本には必ず載っている寺院です。トンボの木に挟まれた石製仏頭があることで知られています。かつてビルマに攻略された際、破壊され地下に仏頭が埋められた状態で放置されていたところ、偶然トンボの木の根の間に挟まり、その成長とともに地上に現れたのです。この仏頭が公開されているところは、周囲を木の柵や金属製の頑丈な柵で囲ったりしていましたが、二〇一六年五月訪問時は、わずかにロープが張られているだけでした。あの厳重さはどうしたのでしょうか。

この寺院は、ブッダの骨（仏舎利）を納めるために一三七四年にボロム・ラーチャー一世によって創建されました。しかし創建年代は一三五〇年以前とする説やラーメスアン王によって建てられたという説など諸説あります。かつては黄金色に輝く四四mの仏塔（チェデイ）がありました。一六三三年プラサート・トン王が修復を行い、高さは五〇mとなりました。現在ではかつての建物は失われています。

一九五六年に寺域内の発掘調査が行われ、貴重な宝飾品などの遺物が発見されました。米粒の三分の一ほどの結晶状の仏舎利は、黄金の容器、黄金とガーネット、エメラルド、ルビーなどの宝石で装飾された水晶の容器、赤い木で作られた容器、黒い木製容器、合金製、銀製、錫と鉛の合金製の容器に納められていました。これらの仏舎利容器は三・二mの石の柱に納められ地下深くに埋められていました。ちなみに、出土遺物は、チャオ・サーム・プラヤー国立博物館で展示されています。

■ロカヤスタ寺院　Wat Lokayasutha

仏塔や礼拝用の建物はまったく見られない寺院です。露天に高さ五m、長さ二九mという巨大な寝姿（涅槃）の石仏があります。これは一九五六年にタイ芸術局によって復元されたものです。仏像の前に小さな線香をささげる

ロカヤスタ寺院の寝仏

ロカヤスタ寺院

ための線香台と花立が設けられ、近くの売店で生花と線香、小さな金箔のセットが参拝者に販売されていました。金箔は石仏の身体に貼付するものですが、巨大な体を覆うには、相当期間がかかりそうです。ちなみに二〇一六年七月の訪問時には、涅槃像の体の部分には黄色い布がかけられており、金箔が貼られたところは全く見えませんでした。それに金箔も売られていませんでした。この涅槃仏は王宮やシー・サンペット寺院に近接していることからアユタヤ時代後半には重要な寺院とされていたものと考えられます。

ところで、アユタヤ時代後半の王たちはとくに涅槃仏を重視していたようです。ターイサ王の時代、アーントーンにあるバーモーク寺院の長さ二二・五八mの涅槃仏が河川の浸食によって危険が及ぶと、その安置場所を移動しています。また『アユタヤ年代記』にはポーロムコート王がわざわざ遠方の涅槃仏に参詣していることが記録されています。

ちなみに、この寺院は周壁が巡らされ、二〇・一×四九・五mという大きな本堂やいくつもの仏殿がありました。現在では一辺六七・五m四方の基壇痕跡のみが残されています。涅槃仏は回廊の外部にあり、頭を北に、顔を西に向けて安置されています。

■プラ・シー・サンペット寺院　Wat Phra Sri Sanphet

アユタヤ歴史公園内にある寺院です。王宮跡の南側に隣接している王宮守護寺院で、一四九一年に建立されました。一五〇〇年には高さ一六mの黄金

プラ・シー・サンペット寺院

に覆われた仏像が建てられ、最盛期を迎えます。しかしビルマの侵略によってすべて破壊されてしまいました。現在は、一五世紀に建造された仏塔三基が残されています。いずれもスリランカ様式の仏塔で、王の遺骨が納められています。

■ラーチャブーラナ寺院　Wat Ratchaburana

アユタヤ歴史公園内にある寺院の一つで、マハタート寺院と対になって建てられています。

王位継承の争いで敗れた二人の兄王子のためにボリム・ラーチャシラット二世が創建した寺院です。ほかのアユタヤの寺院と同じく、仏塔などはビルマ軍によって破壊されました。現在は礼拝堂の柱や壁、仏陀像がかろうじて残されていますが、礼拝堂の壁は傾いており、今にも倒れそうで廃墟のようです。ところどころに石仏が放置されたままになっています。

ラーチャブーラナ寺院

地下室天井の壁画

礼拝堂の背後にそびえる仏塔は先端部や側面などが大きく崩れていますが、崩れた仏塔にもかつての名残りが見られます。側面の階段から塔の地下に入ると、そこはライトアップされており、幽玄の世界に迷い込んだようです。ドーム状のカーブを描く仏がんの天井とその周りの壁は、ところどころ剥落しており、全体像はわかりません、目を凝らして見ると、鳥や植物、仏像などが極彩色の壁画が残されています。これはタイ最古の壁画といわれています。また曼荼羅のような、あるいは星座の表現とも見えるモノトーンの壁画も見られます。

この文様と似たものはミャンマーのバガンの寺院の天井壁画に多く見られました。クルと呼ばれる地下室の小部屋が二つありました。このクルからは長さ一一五㎝の宝剣や宝石をちりばめた鞘などのほか仏塔のミニチュア、男性の頭の飾り、女性の髪飾りなど多数の黄金製品が収められているのが発見されました。現在これらの黄金製品などは国立博物館で保管、展示されています。寺域の発掘調査で出土した多くの宝飾品などは、アユタヤのチャオ・サン・プラーヤ国立博物館に保管されています。

■ヤイ・チャイ・モンコン寺院　Wat Yai Chai Mongkon

この寺院の名前は「勝利の吉祥大寺院」という意味があります。ウートン王がアユタヤに都を移した一三五一年からほど近いころに建立されたとされています。ウートン王が、コレラで死亡したというチャオケオ・チャオタイの遺骸を掘り起こさせて荼毘に付し、その遺骨を納めた仏塔と堂を建立し、パーケオ寺と命名します。この寺院は『年代記』にはチャオプラヤー・タイ寺院アルイハプラヤー・タイ寺院と記載されているようですが、地元民は単にワット・ヤイと呼んでいました。チャイ・モンコンすなわち「勝利の吉祥大寺院」と名付けられた背景には、次のようないきさつがあったとされています。

アユタヤは一五六九年ビルマに敗れ、その属国となりましたが、やがてビルマ副王との戦争に勝利し独立宣言をしたのがナレースワン王でした。王はこの戦闘での勝利を記念してこの寺に仏塔を奉納しました。それ以後、それまでのワット・パーケオからワット・チャイ・モンコンと呼ばれるようになりました。ちなみにこの寺院は東向きに造られ、一三〇・八×一八三・七九mの方形の塀で囲まれており、東側に境内を拡張してナレースワン王の顕彰公園を設置しています。

ヤイ・チャイ・モンコン寺院

■チャイワタナラーム寺院　Wat Chai Watthanaram

アユタヤ島外、西部のチャオプラヤー川左岸（西岸）にある寺院です。最初に訪問した時はチャオプラヤー川が氾濫した混乱状態の時で、域内の排水作業が進められていました。

一六三〇年プラー・サート・トーン王の時代に建立されました。王の即位前、ここには王の母の住居がありました。貴族で最高位のカラーホーム省大臣であった時期、母は息子の王位簒奪に強く関与していました。その母の葬儀をタッターラーム寺院で営み、そこで文武百官に王位簒奪を打ち明け、後に第二五代プラー・サート・トーン王家の始祖となります。即位後、王は母の恩に報いるため、この寺院を建立しました。また、この寺院はカンボジア遠征に勝利したときの記念に建立されたとも伝えられています。建築様式がアンコールワットに似ており、中央祠堂を囲む方形の回廊などはその典型だとされています。

この寺院は、アユタヤの全時代を通じて国王の法事を執り行う王室寺院でした。また一七六七年のビルマ軍との戦闘では、アユタヤ軍の陣地とされ、アユタヤの滅亡以来、大いに荒れ果ててしまいました。一九八七年に保存修復工事が行われ、アユタヤ域内では最も美しい寺院遺跡の一つとなっています。

チャイワタナラーム寺院

■プッタイサワン寺院　Wat Phutthaisawan

アユタヤ島の島外南側、チャオプラヤー川の南岸、聖ヨゼフ使徒教会の東側に位置しています。かつてウートーン王の宮殿があった場所とされています。白く塗装されたプラーン型と呼ばれるクメール様式の塔が建てられています。この塔はアユタヤ初期に建設されたとされており、現在の塔は一八九八年ラーマ五世の行幸の際に改築されました。

■プラ・モンコン・ボピット寺院　Wat Phra Mongkhon Bophit

本尊である高さ一七ｍのプラ・モンコン・ボピットの大仏像を安置する寺院です。この本尊は一六〇三年、ナレースワン王の時代にほかの場所から移されたものです。ビルマ軍の侵攻によって破壊されてしまいましたが、ラーマ五世によって再建されました。一九五六年にはビルマからの寄付を受けてウィハーンと呼ばれる礼拝堂が建設されました。遺跡群の中でこの新しい建物は目立っています。

■パナン・チェーン寺院　Wat Phanan Choeng

日本人町の北約五〇〇ｍ、アユタヤ島の東南部、チャオプラヤー川とパーサック川の合流点の南東部にあるこの寺院は古くはプラチャオ・パナンチューン寺院と呼ばれていたそうです。この地はアユタヤが都となる一三五一年の以前の二六年間都が置かれていた場所であるといわれています。本尊の仏像は一三二五年に造られたという高さ一九ｍの大仏像で、地元住民はルワンポートー（大師）と呼び、中国系タイ人は三宝公と呼んでいます。ラーマ四世はこの仏像をプラ・ブッダ・トライラタナ・ナーヨックと名付けています。トライラタナはサンスクリット語で三宝（仏、法、僧）を意味します。アユタヤ滅亡の際、仏像の目から涙がこぼれ落ちたと言い伝えられています。一九〇一年には

プラ・モンコン・ボピット寺院

パナン・チェーン寺院

大火災で伽藍、大仏も破損しましたが、ラーマ五世の時代に現在の姿に修復されました。

■プーカオ・トーン寺院　Wat Phu Khao Thong

アユタヤ島の外側、西北約二㎞にあります。黄金の山を意味するプーカオトーン、そこにそびえる仏塔の高さは八〇～九〇ｍもあります。『アユタヤ年代記』によれば、この寺院はアユタヤ初期のラームスワン王の時代に建立されたとあります。仏塔は一五六九年、ビルマのパイナワン王がアユタヤを占領した際に建立したとされています。当初はビルマ様式の仏塔でしたが、そののちアユタヤ王朝を復興させたナレスワン大王によってタイ様式に改修されました。現在の塔は一七五四年に建立されたものです。その後も修復の手が加えられ、やがて一九五六年、タイで行われた釈迦入滅二五〇〇年記念行事の一つとして塔の修復工事が実施されました。仏暦二五世紀を祝って二五キログラムの金を用いて塗布されたことから「黄金の仏塔寺院」とも呼ばれるようになりました。仏塔は階段で昇ることができ、壇上からの景色はアユタヤを一望できます。

プーカオ・トーン寺院

■ナー・プラメーン寺院　Wat Na Pramaen

王宮跡の北側、ロッブリー川の右岸にあります。名前のナーは「～の前」、プラメーンは須弥山を意味し、国王の葬儀場を指す意味があるようです。創建は一五〇三年、ラーマーティボディ二世の時代で、かつての名前はワット・プラメーンラーチカーラームと呼ばれていました。この寺院の場所はかつてマハーチャクラパット王とビルマのバイナンナウン王が白い象に乗って戦った後に一五四九年に和平協定が結ばれたところです。この寺院は一八三五年、一八三八年に修復工事が実施されています。

本堂の前方には黄金色仏の立像が露出した状態で安置されています。よく観察すると仏像の肩や頭部が鳩の糞で白く汚れているのがわかり、痛々しい限りです。本堂の周囲にはセマと呼ばれる蓮の花弁か団扇のような形をした結界石が建てられています。この石で囲まれた内側が聖域ということになります。この表示石は、タイだけではなくカンボジアなどの寺院でも見られました。

ナー・プラメーン寺院

現在の境内には広い広場があり、本堂の後ろには煉瓦を積み上げて造られた仏塔が四基見られます。損壊が進んでいる塔は基礎部分のみが残っています。また一基は木の根が全体を覆っています。このほかの二基はかつての姿のままです。

■アヨータヤー寺院　Wat Ayothaya

正面から見ると新しい建物があり、少し奥へ入ると古い仏塔が見られます。この寺院は、アユタヤ建国以前のアヨータヤ時代の王宮であった場所で、この地域を収めていた王が宮殿の土地を寄進したのが始まりであると伝えられています。正面にある布薩堂の後ろにある仏塔は上部を失っており、高さ三m余りの基壇のみを残すプラーン型の塔で、アユタヤ後期の様式を伝えているとされています。さらにその隣には高さ一mの四角形、その上に七mの台座、その上

アヨータヤー寺院

部に八角形の仏塔基壇、その上に釣鐘型の塔が載せられており、完全な状態で残されておれば三〇mはあっただろうと推定されています。一七六八年にアユタヤが滅亡すると、この寺の住職は僧衣を脱ぎ捨て赤い衣をまとい、プラ・ファーン国の国王を名乗り、僧侶が部隊を指揮する司令官に変身したという。しかしこの国はタークシン王によって平定されてしまいます。

■クディーダーオ寺院　Wat Kudi Dao

アユタヤ島外のパーサック川の東岸にある、アユタヤ最大規模の寺院です。マヘーヨン寺院と対をなすもので、両寺院ともにターイサ王の時代に大きな修復工事が行われています。この寺院の修復はマヘーヨン寺院より二年遅れて始まり、一七一五年に完成しています。この寺院が栄えた時代はアユタヤ王朝後半期の黄金時代と呼ばれる平穏な期間でした。周囲にめぐらされた囲壁は幅六三m、長さ二五六mの長方形でし、アーチ型の出入口が二カ所設けられていますが、屋根はすべて失われていますが、煉瓦造りの建物はほぼ全体が残っており、かつての姿を彷彿とさせます。本堂の後ろにある仏塔は基壇のみの残存で上半部が崩落していますが、スリランカ式の大仏塔です。

■マヘーヨン寺院　Wat Maheyong

アユタヤ滅亡の六〇年前に大修復された主要寺院の一つですが、アユタヤの滅亡とともに破壊されてしまいました。アユタヤ島外の東、アユタヤの北

マヘーヨン寺院

クディーダーオ寺院

部地域にあります。ハントラー運河、クラマン運河、パーサック川に囲まれた三角地域で、この付近はアユタヤに都がつくられる前は古い集落がありました。

この寺院は、チャオサームプラヤー王の治世かアユタヤ王朝成立後の一五世紀中ごろの建立とされています。アユタヤが最初にビルマに敗れた一五六九年、ビルマのバインナウン王はここを主力軍の指揮所として使用し、この寺院内でアユタヤ王はビルマ王に拝謁するという屈辱を強いられました。その後、ターイサ王によって三年間にわたる修復工事が行われ、一七一三年に完成しています。しかし一七六七年、再びアユタヤがビルマに敗れたことで再び廃寺となりました。

入口の小さな門を入ると左右に煉瓦積みの塀が続き、大きな切妻造りの煉瓦造り建物の入口に至ります。中に入ると祭壇があります。ここに本尊が安置されていたことがわかります。しかし現在は石仏の頭部のみが置かれています。この堂の後ろや側面に仏塔が建てられています。

■タンミカラート寺院　Wat Thammikkarat

旧王宮の東側にある寺院です。チャオ・サーム・プラヤー国立博物館に展示されているブロンズ製の大仏がかつてこの寺院の本堂に安置されていました。サーオナムプン王の王子であるプラヤー・タンミカラートによってアユタヤに都が置かれる以前に創建されました。本堂は一九×五三ｍの規模で、これを囲む三三×八〇ｍの煉瓦壁面があります。本堂の前に釣鐘型仏塔があり、その基壇上にはクメール様式の獅子塑像が置かれています。本堂に平行して南北に建物があり、南側は布薩堂と考えられています。なお境内各所には彩色された大小さまざまな鶏の像が置かれています。信者から寄進されたものだそうです。

タンミカラート寺院

あとがき

ようやく、「ぶらりあるき博物館」の東南アジア編の刊行を終えました。

博物館の世界を講義するという教員生活も後半に入った段階から、世界の博物館とりわけアジア諸国の博物館事情はどうなっているのだろうか？という単純な疑問から始めた企画でしたが、幸い多くの方々のご協力で、なんとか所期の目的を終えることができたと自負しております。

思えば大学で博物館学課程を履修して以来、博物館とのかかわりが五十年以上続いてきたことになります。この間、大学での博物館関係科目の担当、全国大学博物館講座協議会への参加、さらにはその運営のお手伝いをさせていただいたことなど思い出は尽きません。考古学と博物館学を学問研究の両輪として活動してきたことは、不器用な自分としてはとても不思議な気がします。

間もなく古稀を迎えようとしていますが、まだまだ何かを見てやろう、学んでやろうという野次馬的熱意だけは残っているつもりです。この気持ちがあるうちに東南アジア編を完結させることができたのは幸いでした。しかしアジアには中国、朝鮮という豊かな文化を持った地域があります。これらの国々の博物館については、意欲に満ち満ちた若い研究者の方にゆだねたいと考えています。

最後になりましたが、いつもながらわがままを聞き、常に温かい助言、援助をしていた芙蓉書房出版の平澤公裕氏、そして校正をお願いした男里真紀さんをはじめ多くの方々に感謝いたします。

冬の到来を告げる木枯らしの音を聞きながら

中村　浩

参考文献

・飯島明子ほか「上座仏教世界の形成」、石井米雄「シャム世界の形成」（石井米雄・桜井由躬雄編『東南アジア史』I大陸部、山川出版社、二〇〇四年

・柿崎一郎『物語タイの歴史』中公新書、二〇〇七年

・LOLA LENZI, *MUSEUMS of Southeast Asia*, 2004, ARCHIPELAGO PRESS.

・Somlak Charoenpot, *44 Natiomal Museum of Thailand*, 2008, Rungsilp Publosher.

・Rxanna M.Brown, *Southeast Asian Ceramics Museum*, 2009 BANGKOK UNIVERSITY PRESS.

・Santi Leksukhurm and staff, *Ruins and Regonstructed World Heritages Sukhotai Si Satchanalai and Kamphaeng Phet 1& 2*, 2008 , Amarin Printing and Public Gompany Limited.

・*Guide to Sukotai : Si Satchanalai and Kamphaeng Phet Historikal Parks*, 2010,Wittaya Printing A.Muang Sukhothai.

・Fine Arts Department, *Guidbook Chiang Mai National Museum*, 1999.

・Fine Arts Department, *PHRA NARAI RATGHANIVET*, 1988.

・Wat Rong Khun, *White Temple Thailand*, 2016.

・*FLAME FINAL OF THE HEAVENLY GOLDEN BUDDHA FROM THE MEKONG.*

・Keokhwan Vajarodaya, *Bang Pa-In Palace Ayutthaya Thailand*, 2005, Bang Pa-In Palace

＊このほかにも多くの関連書籍や、『地球の歩き方』をはじめとするガイドブック、タイ政府観光庁発行の「amazing THAILAND」の地域別ガイドなどを参照させていただいた。またタイ政府観光庁大阪事務所には多くの資料を送付いただいた。ここに記して感謝する。

著者

中村　浩（なかむら　ひろし）
1947年大阪府生まれ。1969年立命館大学文学部史学科日本史学専攻卒業。大阪府教育委員会文化財保護課勤務を経て、大谷女子大学文学部専任講師、助教授、教授となり現在、名誉教授（校名変更で大阪大谷大学）。博士（文学）。この間、福井大学、奈良教育大学、岡山理科大学非常勤講師ほか、高野山真言宗龍泉寺住職。専攻は、日本考古学、博物館学、民族考古学（東アジア窯業史）、日本仏教史。
『河内飛鳥古寺再訪』、『須恵器』、『和泉陶邑窯の研究』、『古代窯業史の研究』、『古墳文化の風景』、『古墳時代須恵器の編年的研究』、『須恵器集成図録』、『古墳時代須恵器の生産と流通』、『新訂考古学で何がわかるか』、『博物館学で何がわかるか』、『和泉陶邑窯の歴史的研究』、『和泉陶邑窯出土須恵器の型式編年』、『泉北丘陵に広がる須恵器窯―陶邑遺跡群』『須恵器から見た被葬者像の研究』などの考古学関係書のほか、2005年から「ぶらりあるき博物館」シリーズを執筆、刊行中。既刊は、〈パリ〉、〈ウィーン〉、〈ロンドン〉、〈ミュンヘン〉、〈オランダ〉のヨーロッパ編5冊と、〈マレーシア〉、〈バンコク〉、〈香港・マカオ〉、〈シンガポール〉、〈台北〉、〈沖縄・奄美〉、〈マニラ〉、〈ベトナム〉、〈インドネシア〉、〈カンボジア〉〈ミャンマー・ラオス〉のアジア編11冊（いずれも芙蓉書房出版）。

ぶらりあるきチェンマイ・アユタヤの博物館

2016年12月22日　第1刷発行

著　者
中村《なかむら》　浩《ひろし》

発行所
㈱芙蓉書房出版
（代表　平澤公裕）
〒113-0033東京都文京区本郷3-3-13
TEL 03-3813-4466　FAX 03-3813-4615
http://www.fuyoshobo.co.jp

印刷・製本／モリモト印刷

ISBN978-4-8295-0701-8

【芙蓉書房出版の本】

★ユニークな博物館、ガイドブックにも出ていない博物館を網羅したシリーズ★

ぶらりあるき 沖縄・奄美の博物館 中村浩・池田榮史 本体 1,900円
ぶらりあるき 台北の博物館 中村浩 本体 1,900円
ぶらりあるき 香港・マカオの博物館 中村浩 本体 1,900円
ぶらりあるき シンガポールの博物館 中村浩 本体 1,900円
ぶらりあるき マレーシアの博物館 中村浩 本体 1,900円
ぶらりあるき バンコクの博物館 中村浩 本体 1,900円
ぶらりあるき ベトナムの博物館 中村浩 本体 1,900円
ぶらりあるき マニラの博物館 中村浩 本体 1,900円
ぶらりあるき インドネシアの博物館 中村浩 本体 2,100円
ぶらりあるき カンボジアの博物館 中村浩 本体 2,000円
ぶらりあるき ミャンマー・ラオスの博物館 中村浩 本体 2,000円

観光資源としての博物館

中村浩・青木豊編著 本体 2,500円

時代と地域のニーズに合った博物館のあり方を「観光資源」の視点で提言する。

多くの人を集める魅力ある施設をどう作るか。学芸員がその魅力を発信する演出者になるにはどうすればよいか。地域振興、地域創生のツールとして博物館をどう活用するか。26人の専門家が豊富な事例を紹介。

こんなはずじゃなかった ミャンマー

森 哲志(元朝日新聞社会部記者) 本体 1,700円

東南アジアで最も熱い視線を浴びている国でいま何が起きているのか。世界の最貧国の一つといわれた国の驚きの実態！ 政治・経済のシビアな話から庶民生活、夜の風俗事情までミャンマーのツボ15話。信じられないエピソード満載。